Von **A**pfelsaft bis **Z**ahnpasta

cbj

Von Apfelsaft bis Zahnpasta
A
B
C
Von Apfelsaft bis Zahnpasta

Liesbeth Schlichting
Betty Sluyzer
Marja Verburg

Von Apfelsaft bis Zahnpasta

Mein erster Wortschatz in Bildern und Versen

Deutsche Verse von Hedwig von Bülow
Mit Bildern von Paula Gerritsen

cbj

cbj
ist der Kinder- und Jugendbuchverlag
in der Verlagsgruppe Randomhouse

Umwelthinweis:
Alle bedruckten Materialien dieses Taschenbuches
sind chlorfrei und umweltschonend.

1. Auflage
Erstmals als cbj Taschenbuch Oktober 2008
Gesetzt nach den Regeln der Rechtschreibreform
First published in 2005 as »Mijn eerste Van Dale«
© Van Dale Lexicografie bv, Utrecht
© der deutschsprachigen Ausgabe 2006 Patmos Verlag GmbH & Co. KG, Düsseldorf
Alle Rechte dieser Ausgabe vorbehalten durch cbj, München
Umschlag- und Innenillustrationen: Paula Gerritsen
Umschlaggestaltung: schwecke.mueller Werbeagentur GmbH, München
MI · Herstellung: ReD
Satz: Buch-Werkstatt GmbH, Bad Aibling
Druck und Bindung: Těšínska Tiskárna, a.s., Česky Tešín
ISBN 978-3-570-21890-7
Printed in the Czech Republic

www.cbj-verlag.de

Zu diesem Buch

Dieses erste Wörterbuch lädt Sie zu einer spannenden Entdeckungsreise durch die Welt der Wörter ein. Sie können es entweder systematisch von A bis Z durchgehen oder im Themenverzeichnis gezielt Wörter auswählen und suchen.

Gemeinsam mit dem Kind können Sie das Wort bzw. den Vers lesen und das Bild dazu betrachten. Sie können das Kind auch erzählen lassen, was es auf dem Bild sieht, und dazu den Vers vorlesen. Versuchen Sie doch auch einmal, die Verse gemeinsam mit dem Kind nachzuspielen. Sicher fallen Ihnen schnell Fragen, Rätsel und kleine Geschichten ein, die zum Sprechen anregen.

Das Vorlesen und Wiederholen der Verse, das Betrachten der dazugehörigen Bilder und die spielerische Umsetzung der Stichwörter – all das fördert die Sprachentwicklung der Kinder und ihr Vergnügen an der Sprache. Ihr Wortschatz und ihr Gefühl für Sprache, Klang, Reim und Rhythmus werden im Spiel geformt und helfen ihm leichter lesen zu lernen.

Vorwort

»Das Bewusstsein spiegelt sich im Wort, wie die Sonne in einem Wassertropfen.« – *Wygotski 1969*

Eine Sprache zu lernen bedeutet, sich neue Welten zu erschließen. Dies gelingt dadurch, dass wir mit unserer Mitwelt in einen Dialog treten und die eigenen Wahrnehmungen durch den Austausch mit anderen erweitern. Im Gespräch wird gegenseitige Verständigung ermöglicht und eine Erweiterung der eigenen Gedankenwelt erst denkbar.

Der Förderung und Unterstützung der sprachlichen Fähigkeiten wird daher ein zentraler Stellenwert zugeschrieben. Insbesondere die Ergebnisse der PISA-Studie[1] belegen den Zusammenhang zwischen Sprachkompetenz und Schulerfolg. Als Konsequenz daraus wurde in den aktuellen Bildungsplänen für die vorschulische Erziehung[2], die im Anschluss an die internationale Vergleichsstudie in den einzelnen Bundesländern ausgearbeitet wurden, »Sprache« als eigenständiger Bildungsbereich ausgewiesen. Spracherziehung sollte in der Kindergartenarbeit in der alltäglichen Arbeit verankert sein. Sprache ist demnach als Schlüsselkompetenz zu verstehen, die es Kindern ermöglicht, sich in ihrer Welt zurechtzufinden und sich mit anderen auszutauschen. Die Sprachkompetenz der Kinder gilt es daher bereits in Elternhaus und Kindergarten bewusst wahrzunehmen und sensibel herauszufordern.

Kindern fällt es leicht, eine Sprache zu lernen. Sie erschließen sich eine Sprache, indem sie mit den Lauten experimentieren und mittels der Reaktion ihrer Umwelt einen gegenseitigen Bezug aufbauen. Durch dieses Wechselspiel gelingt es, Bedeutungen zu konstruieren und sich allmählich einer gemeinsamen Gedankenwelt zu nähern. Die Sprache der Kinder entwickelt sich so vom ersten Laut bis zur lebhaften Diskussion. Dabei erlernt das Kind wie selbstverständlich grammatikalische Strukturen und erweitert seinen Wortschatz in Wechselwirkung mit dem ihm zur Verfügung stehenden Erfahrungsraum. Dabei zeigt sich, wie das Kind aktiv seine eigene Entwicklung vorantreibt, indem es Neues ausprobiert, in unterschiedlichen Handlungskontexten erprobt und durch weitere Einsichten spezifiziert. Für die Erwachsenen stellt sich dabei die Frage, wie sie das Kind bei diesen Lernprozessen am besten unterstützen können.

Um eine sensible Sprachunterstützung anzubahnen, gilt die frühkindliche Interaktion, wie sie sich zwischen Bezugspersonen und Kind entwickelt, als beispielhaft. Bereits Friedrich Fröbel[3], der Begründer des Kindergartens, knüpft mit seiner Bildungstheorie für die vorschulische Erziehung an dieses Beziehungsprinzip an. Er verweist auf die Bedeutung der »Mutter- und Koselieder«, die durch ihre Reimform dem Kind einen ganzheitlichen Zugang zur Sprache über Wort, Tanz und Musik ermöglichen. Reime fördern einen spielerischen Zugang zu den Worten. Gleichzeitig fördern sie eine hohe Sensibilität für den Sprachrhythmus und das Hörverstehen. Mithilfe von Melodie und Rhythmus lassen sich Redefreude und Wortproduktion der Kinder unterstützen.

Mit dem hier vorgelegten »Wortschatz«[4] wird diese Tradition aufgegriffen. Damit wird die Idee verfolgt, den Kindern und ihren Eltern, ErzieherInnen und FreundInnen eine

---

1 Die PISA-Studie gilt als internationale Leistungsvergleichsstudie. Durch die Studie wurde der Leistungsstand 15-jähriger SchülerInnen aus 26 verschiedenen Ländern miteinander verglichen. Nähere Info: http://www.mpib-berlin.mpg.de/pisa/ 27.02.2006.

2 Nähere Info: http://www.bildungsserver.de/zeigen.html?seite=2027 27.02.2006.

3 Friedrich Fröbel (1782–1852)

4 Der Grundwortschatz wurde aus dem niederländischen Sprachraum entlehnt. Der Aufbau eines Wortschatzes ist an den sozialen Kultur- und Lebensraum der Kinder geknüpft. Da die Lebenssituationen der Kinder in den Niederlanden und Deutschland vergleichbar sind, ist eine Anlehnung an diesen Fundus legitim u. a. deshalb, weil hier davon ausgegangen wird, dass dieser »Wortschatz« als Impuls für vielfältige Gespräche mit den Kindern genutzt wird.

»Fundgrube an Worten« zur Verfügung zu stellen, die an die Lebenssituationen der Kinder anknüpft. Der »Wortschatz« kann dabei als Orientierung dienen, um differenzierter die vielfältigen Lebenssituationen, in denen sich Kinder mit ihrer Familie und FreundInnen befinden, wahrzunehmen und zu benennen. Dabei besteht mithilfe der vielen Bilder die Möglichkeit, Bekanntes und Unbekanntes zu entdecken, zu erfragen und schließlich zu benennen. Durch die kleinen Texte und Reime werden die Worte aus dem Bild herausgelöst und der Schwerpunkt vom Bild auf das Wort verschoben. Dabei wird das phonologische Arbeitsgedächtnis durch das Nachsprechen und Spielen mit den Worten und Reimen trainiert. Die Sprachentwicklung der Kinder wird dann herausgefordert, wenn Erwachsene und Kinder gemeinsam über das Bild ins Gespräch kommen. Durch solch einen wechselseitigen Bezug von Bild und Wort gelingt es zugleich semantisches Wissen aufzubauen und den Wortschatz zu erweitern.

Ein differenzierter »Wortschatz« ermöglicht es, die eigenen Bedürfnisse zu äußern, die Welt um sich herum bewusst wahrzunehmen und sich in einer Sprachgemeinschaft kompetent zu bewegen. Die Auseinandersetzung mit Worten und deren Bedeutungen gilt es daher im Alltag herauszufordern und zu unterstützen. Diese »Fundgrube an Worten« kann als Impuls verstanden werden, Erwachsene und Kinder durch Bild, Wort und Reim zu einer spielerischen Auseinandersetzung in »die Welt der Worte« zu führen.

Anke König
wissenschaftl. Mitarbeiterin an der Universität Dortmund
Lehrstuhl Pädagogik der frühen Kindheit

A a

Aa machen

Maaama!
Wo bist du, Babette?
Auf der Toilette.
Ich hab Aa gemacht.

abfahren

Der Bahnsteig ist leer.
Der Zug fährt ab.
Wir fahren ans Meer.

ab

Der Lenker ist ab,
ruft kleiner Bär.
Mein Fahrrad
fährt nicht mehr.

abwaschen

Ich bin noch klein.
Abwaschen kann
ich schon allein.

abwischen

Kleiner Schlingel,
hab ich dich überrascht?
Schnell den Mund abwischen!
Du hast Schokolade genascht.

der **Affe**

Dieser Affe lebt im Zoo.
Er hat einen Schwanz,
ein dichtes Fell
und einen nackten Popo.

andersherum

Schau, was der Kleine schon kann,
er zieht sich selbst die Schuhe an.
Ach, wie dumm.
Sie müssen andersherum.

anmalen

Tom malt die Schuhe an.
Wir schauen ihm zu.
Tom malt einen grünen
und einen blauen Schuh.

allein

Wo sind sie geblieben?,
sagt das Entlein,
wir waren doch sieben.
Jetzt bin ich allein.

alt

Meine Tante ist alt.
Sie heißt Helene.
Sie hat eine Brille
und künstliche Zähne.

die **Angst**

Hab keine Angst.
Er beißt dich nicht.
Grrr!
Sei still, du Bösewicht!

anrufen

Hallo, Paps!
Ich rufe dich an,
weil ich leider nicht
kommen kann.

der **Apfel**

Zwei schöne, große Äpfel
hängen an dem Zweig.
Den gelben pflück ich ab,
der grüne ist nicht reif.

anziehen

Die Arme hoch, Marie,
schlüpf in dein Kleid hinein!
Lass mich, Mami,
das kann ich schon allein.

der **Apfelbaum**

Äpfel unterm Apfelbaum,
saftig, rot und rund.
Nimm dir einen, beiß hinein!
Äpfel sind gesund.

der **Apfelsaft**

Magst du Apfelsaft,
fruchtig und frisch?
Ich stell dir den Saft und
das Glas auf den Tisch.

die **Apfelsine**

Was ist das?
Es ist kein Apfel
und keine Mandarine.
Es ist eine Apfel....

die **Arbeit**

Papa ist bei der Arbeit.
Die Arbeit ist schwer.
Er hat wenig Zeit.
Ich liebe ihn sehr.

der **Arm**

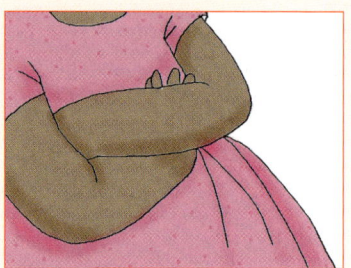

Weißt du, was wir jetzt machen?
Still sitzen, nicht lachen,
die Arme verschränken
und lange nachdenken.

das **Armband**

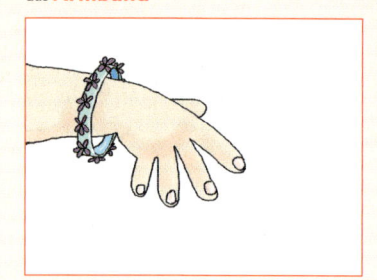

Mit Krone und Kette,
mit Armband an der Hand
bin ich die Prinzessin
in unserem Land.

arbeiten

Mama sitzt vor dem Computer,
sie hat ihn angestellt.
Mama arbeitet zu Hause
und kriegt dafür Geld.

ärgern

Sophie ärgert mich,
sie ist gemein.
Sophie, sei lieb,
nicht böse sein!

der **Arzt**

Der Arzt untersucht dich
vom Kopf bis zum Zeh.
Hab keine Angst,
er tut dir nicht weh.

auf

Seht die Hühner auf der Stange!
Tuck tuck tuck, gack gack gack.
Wie sie kakeln und spektakeln!
Tuck tuck tuck, gack gack gack.

aufhängen

Lukas hängt seine Jacke auf.
Mama hat sie gestern gekauft.

aufheben

Was liegt denn da?
Ein glänzendes Ding.
Ich heb es auf.
Was ist es? Ein Ring.

auf Wiedersehen

Jetzt muss ich gehen.
Bis bald.
Auf Wiedersehen.

aufessen

Alles ist aufgegessen,
die Dose ist leer.
Es gibt nichts mehr.

aufpassen

Pass auf, bleib stehen!
Da liegt ein Häufchen
Hundedreck.
Wer macht das weg?

aufräumen

Räum auf, mein Schatz!
Bring jedes Spielzeug
an seinen Platz.

das Auge

Mama hat grüne Augen,
meine sind grau
und deine sind blau.

ausmachen

Augen zu, schlaf gut,
kleine Maus.
Küsschen, Küsschen.
Das Licht mach ich aus.

aufsetzen

Miez setzt sich ein Käppchen auf.
Miez, was machst du für Sachen?
Eine Katze mit Käppchen –
das ist ja zum Lachen.

aufstehen

Husch, husch aus dem Bett.
Die Sonne scheint.
Steh auf, Jeannette!

auspacken

Ist das ein Geschenk vom Nikolaus?
Paul packt es aus.

ausrutschen

Glitschen und gleiten,
hei, wie es flutscht!
Hilfe! Jetzt bin ich
ausgerutscht.

ausschneiden

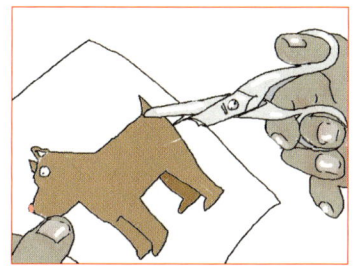

Der Hund gehört mir.
Ich schneide ihn aus
und schenke ihn dir.

austeilen

Besuch im Haus.
Lena teilt aus.
Kuchen vom Bäcker
knusprig und lecker.

aussehen

Was ist das?
Betrachte es gut.
Es sieht aus wie ein Berg
und gleicht einem Hut.

austrinken

Klaus trinkt den Becher aus.
Der Teller ist schon leer.
Mami, ruft der kleine Klaus,
Mami, ich will mehr!

ausziehen

Ausziehen, waschen,
ins Bettchen hinein.
Der Sandmann wird bald
bei dir sein.

das **Auto**

Mein Auto fährt schnell.
Gestern fuhr es bis Wien.
Heute kann es nicht fahren.
Es hat kein Benzin.

B b

der **Bäcker**

Der Bäcker backt Kuchen,
der Bäcker backt Brot.
Wir haben zu essen.
Wir sind nicht in Not.

das **Baby**

Das Baby brabbelt,
es strampelt und krabbelt,
es kann noch nicht gehen,
bald wird es stehen.

der **Backofen**

Nimm Mehl, Butter und Zucker,
knet den Teig, nicht zu weich,
tu Plätzchen auf ein Blech und
schieb sie in den Backofen hinein.

der **Badeanzug**

Mein Badeanzug ist neu.
Willst du ihn sehen?
Ich zeige ihn dir, wenn wir
ins Schwimmbad gehen.

die **Badehose**

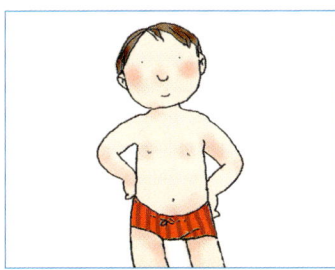

Meine Badehose ist rot.
Ich kann schon schwimmen
und ich habe ein Boot.

die **Badewanne**

Mit Papa in der Badewanne,
das macht großen Spaß.
Wir spielen und wir spritzen
und machen alles nass.

der **Ball**

Der Ball rollt,
er hüpft und springt.
Luca läuft vor
und schießt ihn ins Tor.

das **Badezimmer**

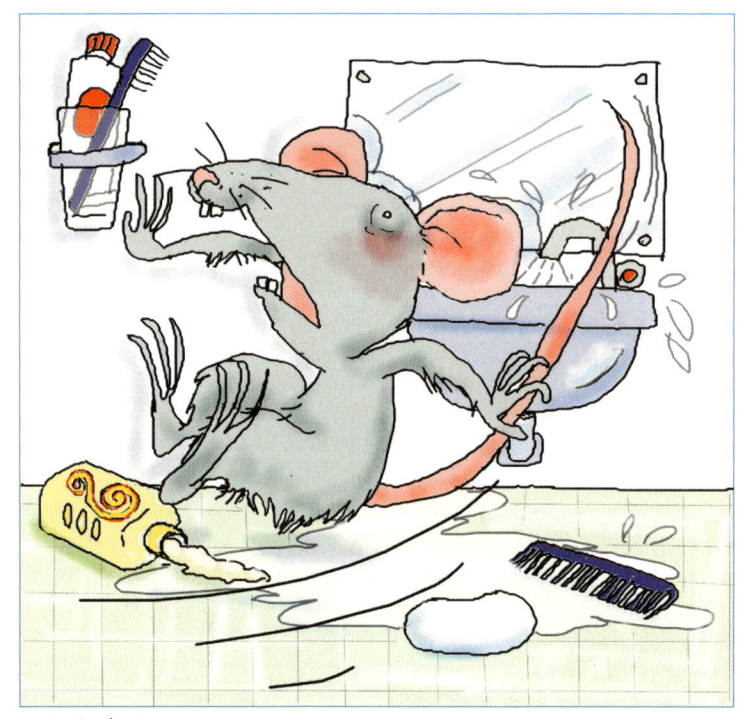

Im Badezimmer
tanzt eine Ratte,
spielt mit Shampoo,
Seife, Kamm und Watte.

Ball spielen

Wir spielen Ball.
Wir sind zu dritt.
Hopp, fang den Ball!
Bello spielt mit.

die **Banane**

Papa,
warum ist die Banane krumm?

der **Bär**

Mein Bär ist groß
und ich bin klein.
Mein Bär soll immer
bei mir sein.

der **Bart**

Ich will mich verkleiden.
Der Bart steht mir gut.
Was fehlt mir noch?
Opas alter Hut.

das **Bauchweh**

Mami, Mami, ich hab Bauchweh.
Mein Liebling, bald ist es vorbei.
Du bekommst einen Kräutertee
und einen guten Haferbrei.

der **Bauch**

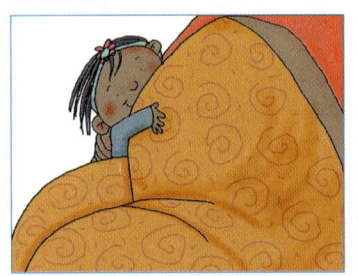

Anna wünscht sich ein Brüderchen.
Es strampelt in Mamas Bauch.
Oder ist es ein Schwesterchen?
Sie drückt ihm ein Küsschen auf.

bauen

Heute baue ich ein Schloss
mit einem Thron darin.
Ich bin der König und
du bist die Königin.

der **Bauer**

Mein gutes Tier,
sagt der Bauer.
Muh-muh,
sagt die Kuh.

der **Bauernhof**

Was ist ein Bauernhof?
Ein Huhn und eine Kuh,
ein Bauer, ein Haus, ein Stall
und noch ein Trecker dazu.

der **Baum**

Im Garten steht ein Baum.
Seine Blätter sind grün
und sein Stamm ist braun.

der **Becher**

Warum stößt Ben
den Becher um?
Er hampelt
zu viel herum.

der **Bauklotz**

Ich baue einen Turm.
Ein Bauklotz, noch einer
und noch einer – und rumbum –
da fällt der Turm um.

behalten

Den Stein will ich behalten.
Der Stein gehört mir.
Ich habe schon drei,
jetzt habe ich vier.

das **Bein**

Zeig mir deine Beine.
Zeig mir dein Gesicht.
Wo sind deine Hände?
Nein, die zeig ich nicht.

beißen

Bruno beißt
in ein Brot mit Speck.
Beißt er dich,
lauf schnell weg.

bellen

Unser Hund ist groß und stark,
unser Hund heißt Schnuff.
Kommt ein Räuber in der Nacht,
bellt er laut wuff-wuff.

der **Berg**

Ferdinand spielt am Strand.
Er schaufelt einen Berg aus Sand.
Jetzt hat er sich versteckt.
Hast du ihn schon entdeckt?

der **Besen**

Fegen, fegen mit dem Besen.
Überall liegt Dreck.
Fegen, fegen mit dem Besen.
Ist der Dreck jetzt weg?

der **Besuch**

Oh, da kommt Opa.
Er kommt zu Besuch.
Bitte, Opa, liest du mir vor
aus meinem Lieblingsbuch?

das **Bett**

Im Bett von Tante Jet
liegen zwei Affen.
Pst, pst, sei nett,
nicht stören! Sie schlafen.

die **Biene**

Summ, summ, summ,
Bienchen, summ herum.

die **Birne**

Eine Birne aus dem Garten.
Was kann denn besser sein?
Ich will nicht länger warten
und beiße gleich hinein.

das **Blatt (Baum)**

Die Bäume schütteln Blätter ab,
herbstlich ist das Land.
Wir ziehen unsre Mäntel an
und spielen nicht im Sand.

das **Bild**

Schau her, ich hab ein Bild gemalt.
Fahnen für dein Segelboot.
Die Fahnen hab ich angemalt
in Blau und Gelb und Rot.

das **Blatt (Papier)**

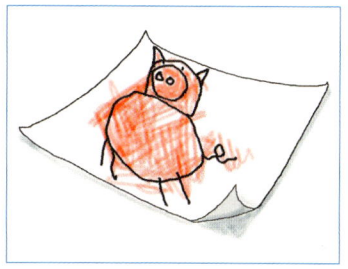

Ich male ein Schweinchen
auf einem Blatt Papier.
Das Schweinchen hat ein Schwänzchen
und das Schwänzchen, das ist hier.

blau

Die Wolken sind weiß.
Der Himmel ist blau.
Und blau ist der Hut
von dieser Frau.

blöd

Ihr seid alle blöd,
sagt Benny.
Wen meinst du?,
fragt Jenny.

die **Blume**

Schöne Blumen blühen
in unserem Garten.
Ich pflücke einen Strauß
und bring ihn dir ins Haus.

das **Blut**

Au, schreit das Kind. Au!
Aus dem Knie fließt Blut.
Mama tut ein Pflaster drauf,
dann wird es wieder gut.

der **Boden**

Unsere Katze jagt draußen.
Heute bleibt sie im Haus.
Sie liegt auf dem Boden
und spielt mit der Maus.

der **Bonbon**

Willst du einen Bonbon?
Dann such dir zwei aus.
Einen für jetzt,
einen für zu Haus.

böse

Du bist böse!, sagt Laura.
Wer ist böse?, fragt Mama.
Du oder ich?

braun

Viele Tiere sind braun.
Im Zoo siehst du braune Affen,
braune Schafe, braune Wölfe
und braun gefleckte Giraffen.

der **Brief**

Von Billy kam ein Brief.
Und weißt du, was er schrieb:
Ich hab dich lieb.
Kuss.

die **Brille**

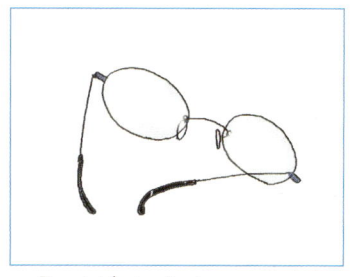

Ben ist beim Arzt gewesen.
Jetzt trägt er eine Brille
und kann besser lesen.

der **Brei**

Hmm, hmm, süßer Brei.
Der Teller ist gleich leer.
Hmm, hmm, süßer Brei.
Mehr, Mami, mehr!

brennen

Hilfe, Hilfe!
Es brennt, es brennt.
Ruft die Feuerwehr
und rennt!

das **Brot**

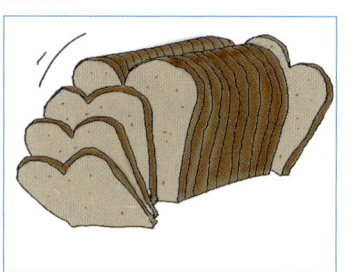

Es gibt viele Sorten Brot.
Am liebsten essen wir
das dunkle mit Kernen,
Nüssen und Schrot.

das **Brötchen**

Willst du ein belegtes Brötchen?
Dann geh zu Mick.
Seine Brötchen sind superdick.

das **Buch**

Das ist mein Buch.
Ich kann schon lesen.
Da steht Jacke und
da steht Hose.

der **Buchstabe**

Ben kann schon buchstabieren.
Hier steht h-a-l-l-o.
Ben kann auch schreiben.
Das ist der Buchstabe O.

der **Bruder**

Ich habe einen Bruder
und eine Schwester.
Mein Bruder ist noch klein.
Er fängt oft an zu schreien.

das **Bügeleisen**

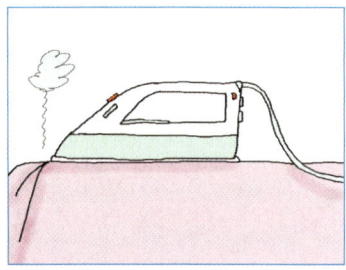

Schalt das Bügeleisen ein –
es dampft und zischt.
Schalt das Bügeleisen aus –
die Lampe erlischt.

der **Buggy**

Ich sitze in meinem Buggy,
mit Bär auf dem Schoß.
Darf ich den Buggy schieben?
Ich bin doch schon groß.

die **Burg**

Ich möchte gerne Ritter sein,
dann hätt ich eine Burg aus Stein,
ich ritt auf einem Pferd
und trüge auch ein Schwert.

die **Butter**

Die Kuh gibt uns Milch
und der Bauer
macht daraus Butter,
sagt meine Mutter.

das **Butterbrot**

Zum Abendbrot
schmier ich mir selbst
ein Butterbrot.

der **Bürgersteig**

Ben wartet auf dem Bürgersteig.
Er sieht nach links und rechts.
Kein Auto zu sehen.
Darf Ben jetzt gehen?

der **Bus**

Hurra, wir fahren mit dem Bus.
Wir fahren in die Stadt hinein
und kaufen schöne Dinge ein.

C c

die **CD**

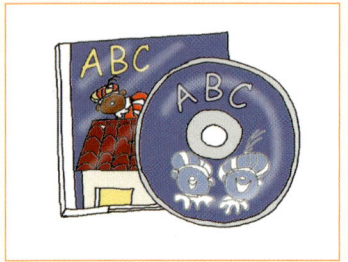

A B C
die Katze lief im Schnee.
Kennst du das Lied?
Es ist auf meiner CD.

der **Cent**

Das sind Münzen,
die jeder kennt.
Hier ist ein Euro,
da ist ein Cent.

der **Clown**

Der Clown hat bunte Kleider an.
Schau mal, wie er lacht.
Der Clown hat große Schuhe an.
Weißt du, was er macht?

die **Chips**

Papa hat mir Chips gekauft.
Die Tüte ist bald leer.
Und wenn die Tüte leer ist,
möchte ich noch mehr.

die **Cola**

Cola ist prickelig.
Cola ist kribbelig.
Jede kleine Blase
steigt mir in die Nase.

der **Computer**

Schalt den Computer ein.
Klick auf den Hahn.
Was sagt das Vieh?
Kikeriki!

D d

der **Dachboden**

das **Dach**

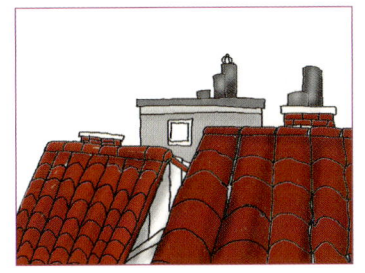

Jedes Haus hat ein Dach.
Das eine ist schräg,
das andere ist flach.

Piep, sagt die Maus,
läuft durchs Haus und
versteckt sich oben
auf dem Dachboden.

der **Dampfer**

Tuuut – tuuut – tuuut! Da
ist ein Dampfer zu sehen.
Der Schornstein raucht,
die Wimpel wehen.

daneben

Mieze, willst du sehen,
wie ich zielen kann?
Oh, das ging daneben.

der **Daumen**

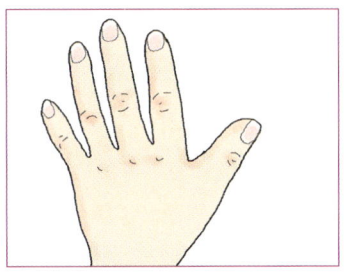

Fünf Finger hat die Hand.
Der Daumen, der ist hier.
Und wie heißen nun
die anderen vier?

die **Decke**

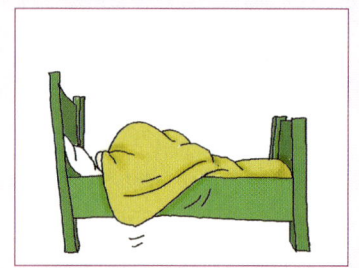

Such mich!
Wo soll ich mich verstecken?
Da, unter den Decken?
Such mich! Wo bin ich?

das **Ding**

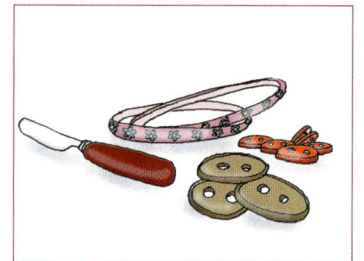

Was ist ein Ding?
Ob groß oder klein,
ein Ding kann
alles sein.

die **Dose**

Trink erst die Dose aus!
Dann mache ich dir
ein Spielzeug daraus.

der **Deckel**

Der Deckel sitzt fest.
Wer öffnet das Glas?
Ich öffne es dir,
sagt Klein-Nicolas.

dick

Dick sind die Schweinchen,
dünn ihre Beinchen,
rund sind die Schwänzchen –
dideldideldänzchen.

draußen

Die Sonne scheint.
Spiel draußen, mein Schatz,
nimm die Schaufel und
geh auf den Spielplatz.

drehen

Dreh dich, dreh dich,
rechtsherum, linksherum,
schneller und schneller.
Fall nicht um!

das **Dreirad**

Ich habe ein Dreirad,
rot und blau.
Ich fahre in die Stadt.
Bis später – ciao.

drinnen

Heute bin ich drinnen,
heute bleib ich im Haus.
Morgen spiele ich draußen,
morgen gehe ich raus.

drücken (Knopf)

Der Zug hält an.
Streck die Hand aus,
drück auf den Knopf,
die Tür geht auf.

drücken (WC)

Du musst aufs Klo? Mach es so:
drücken, drücken, Papier abreißen,
Popo abwischen
und Hände waschen.

dunkel

Die Nacht ist dunkel.
Da brennt ein Licht.
Die Nacht ist lang.
Ich fürchte mich nicht.

der Durst

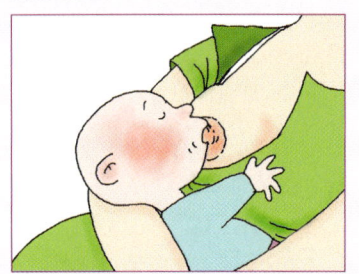

Das Baby hat Hunger,
das Baby hat Durst.
Es trinkt bei der Mama,
es trinkt an der Brust.

die Dusche

Brrr, die kalte Dusche,
wie ich das hass!
Ich nehme einen Schirm
und werde nicht nass.

duschen

Affe ist groß,
Kaninchen ist klein.
Sie duschen heiß
und seifen sich ein.

E e

die Ecke

Ich welcher Ecke
spielst du am liebsten?
In der Puppenecke.

das Ei

Tick-tick, klopf-klopf,
schlag auf das Ei,
dann bricht die
Schale entzwei.

das **Eichhörnchen**

Da ist das Eichhörnchen!
Ob es sich freut?
Ich habe ihm Nüsse
hingestreut.

der **Einkaufswagen**

Heute kaufen wir ein.
Du darfst die Tasche tragen,
ich schiebe den Einkaufswagen
und lege die Sachen hinein.

das **Eis**

Es ist kalt und süß
und schmilzt in der Sonne.
Weißt du, was das ist?

der **Eimer**

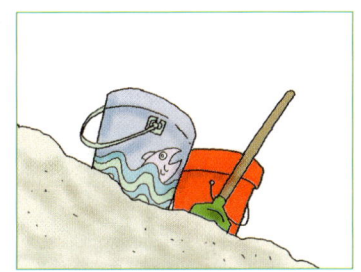

Hier sind Schaufel und Eimer,
Wasser und Sand.
Wir backen Kuchen
und spielen am Strand.

einkaufen

Einkaufen –
zum Bäcker laufen
und viele
gute Sachen kaufen.

das **Eis**

Der See ist zugefroren.
Schnell, die Jacke an,
zieh die Mütze über die Ohren!
Und dann hinaus aufs Eis.

ekelhaft

Hier stinkt es
nach Katzendreck
und Katzenpisse,
ekelhaft – igittigitt.

die Ente

Papa Ente schwimmt allein.
Wo mag Mama Ente sein?

entscheiden (sich)

Milch oder Brei?
Ich kann mich nicht entscheiden.
Ach, das ist doch einerlei.
Ich nehme Milch und Brei.

der Elefant

Der Elefant ist groß
und dick wie ein Fass.
Er hebt den Rüssel
und spritzt dich nass.

eng

Die Hose ist zu eng.
Sie drückt zu sehr.
Diese Hose
passt nicht mehr.

die Erdbeere

Frische Erdbeeren,
groß oder klein.
Süß und saftig
müssen sie sein.

die **Erdnuss**

Isst du gerne Erdnüsse?
Der Vogel mag sie auch.
Er kommt zum Futterplatz
und frisst sie alle auf.

erkältet

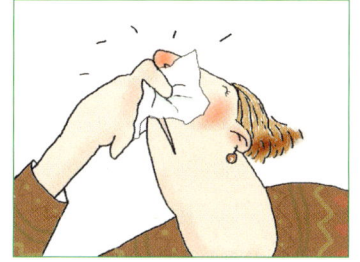

Wer niest und hustet?
Meine Tante Marie.
Sie ist erkältet.
Hatschi, hatschi!

essen

Beim Essen
sollte man nicht vergessen,
den Teller leer zu essen.

erschrecken

Hoppla –
nicht erschrecken!
Da läuft eine Maus
durchs Haus.

die **Eule**

Die Eule ruft: Uhu-uhu.
Sie macht die Augen auf und zu.

F f

der **Faden**

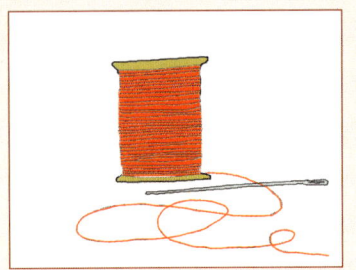

Meine Hose ist kaputt.
Oma, hilfst du mir?
Bring mir Nadel und Faden.
Ich stopfe sie dir.

der **Fahrstuhl**

Der Fahrstuhl steht.
Mit dem Fahrstuhl nach oben.
Ob das wohl geht?

fallen

Ein Zirkusclown balanciert
auf einem Ball.
Hoppla, ruft der Spaßvogel,
ich fall, ich fall.

fahren

Viktor fährt mit dem Traktor.
Gerd reitet auf dem Pferd.
Wer ist Viktor?
Wer ist Gerd?

falsch

Ein Kind hat einen Bart.
Ein Kind ist alt.
Sag ich das richtig
oder sag ich es falsch?

falten

Ich falte einen Hut
aus grünem Papier.
Das kann ich gut.
Ich schenke ihn dir.

fangen

Werfen, fangen
hin und her.
Der Ball ist prall,
er ist nicht schwer.

die **Feder**

Menschen tragen Kleider.
Vögel haben Federn.

fegen

Auf dem Boden liegt Dreck.
Ich nehme den Besen
und fege ihn weg.

die **Farbe**

Welche Farbe
hat die Tomate?,
fragt Tante Renate.

die **Fäustlinge**

Mit meinen Fäustlingen kann ich
boxen. Beim ersten Stoß
lass ich die Elefanten
auf dich los.

das **Fenster**

Was ist das?
Es hat eine Gardine
und ist aus Glas?

die **Ferien**

Hurra, wir haben Ferien
und fahren in die Welt.
Wir haben einen Camper
und auch ein großes Zelt.

der **Fernseher**

Der Fernseher ist an.
Was läuft in dem Programm?

fertig

Noch einmal in den
Spiegel sehen.
Jetzt bin ich fertig.
Ich kann gehen.

das **Ferienhaus**

Die Schule ist aus.
Wir fahren hinaus
in unser kleines
Ferienhaus.

das **Fernsehen**

Weißt du, was ich tu?
Wenn im Fernsehen
schlimme Dinge geschehen,
halt ich mir die Augen zu.

das **Fest**

Wir feiern ein Fest.
Das ist für dich.
Oh, vielen Dank.
Ich freue mich.

festhalten

Komm, mein Äffchen,
wir gehen spazieren.
Halt dich gut fest!

der **Film**

Dieser Film ist interessant.
Er handelt von Delfinen,
vom Meer und vom Strand.

der **Finger**

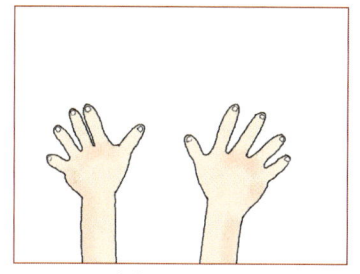

Lass mal deine Finger sehen.
Wie viel hast du?
Eins ………………… zehn.

das **Feuer**

In einer kalten Winternacht
hat Papa im Kamin
ein Feuer angemacht.

die **Feuerwehr**

Tatü-tata, tatü-tata,
die Feuerwehr ist da.

der **Fisch**

Kleiner Fisch im großen Meer
schwimmt hin und her
und hin und her.

flach

Leg die Hand flach auf den Tisch.
Wie viel Finger liegen da?
Zähl sie mal.

das Fleisch

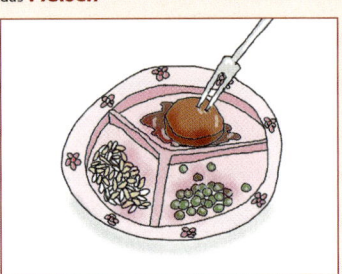

Fleisch mit Reis und Erbsen
ist ein gutes Gericht.
Doch Paulchen sagt:
Das mag ich nicht.

die Fliege

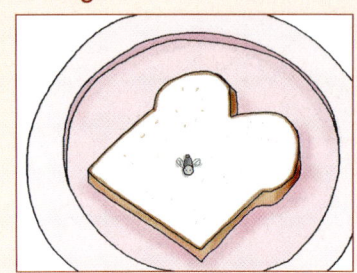

Pass auf, kleine Fliege!
Wenn ich dich kriege,
fliegst du nicht mehr.

die Flagge

Die Flagge weht,
sie flattert im Wind.
Die Farben zeigen,
wo wir zu Hause sind.

fliegen

Die Vögel fliegen hoch
in den Himmel hinein.
Möchtest du auch
ein Vogel sein?

die Flasche

Da stehen zwei Flaschen.
Eine ist voll,
die andre ist leer.

der **Flügel**

Der Pelikan spreizt die Flügel…
Warum macht er das?
Seine Federn sind nass.

das **Foto**

Auf dem Foto
steht ein Mann.
Das ist mein Papa,
der alles kann.

die **Frau**

Darf ich vorstellen:
Das ist Frau Pudelmann.
Sie wohnt bei uns nebenan.

das **Flugzeug**

Das Flugzeug fliegt
nach Berlin.
Zum Fliegen braucht es
Kerosin.

fressen

Die Ziege frisst
jedes grüne Blatt.
Dann ist sie noch
lange nicht satt.

der **Flur**

Im Flur ist es dunkel.
Das Licht geht an.
Der Kleiderhaken ist hoch,
ich komm noch nicht dran.

der **Freund**

Tim und Tom sind Freunde.
Sie sehen sich jeden Tag.
Hast du auch einen Freund,
der mit dir spielen mag?

frittieren

Hast du unsere
Pommes probiert?
Wir haben sie
selbst frittiert.

fröhlich

Ich bin fröhlich.
Ich lache und singe,
ich tanze und springe.

der **Frisör**

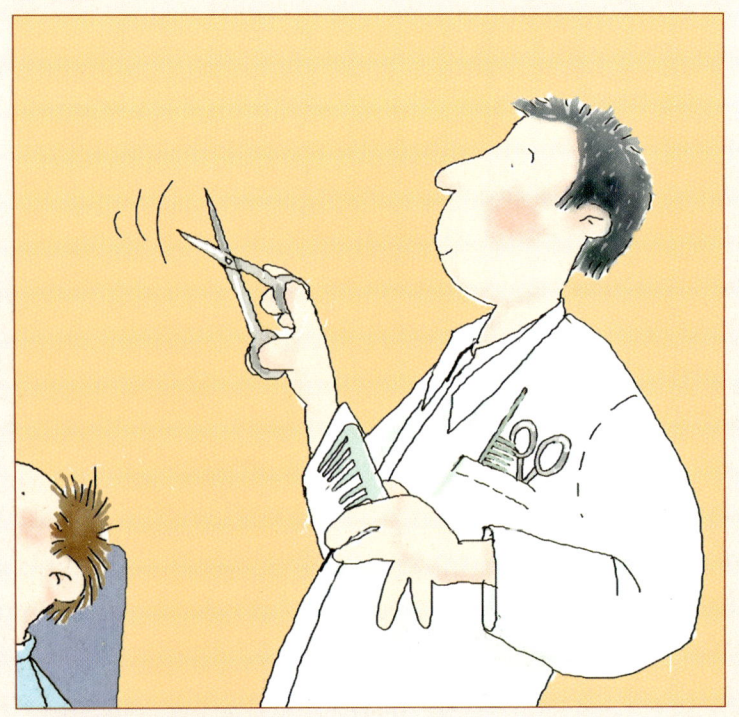

Die Schere klappert: schnipp-schnapp,
der Frisör schneidet dir die Haare ab.
Nun sei nicht bang.
Bald sind sie wieder lang.

der **Frosch**

Quak macht der Frosch,
springt auf ein Blatt
und frisst eine Fliege.
Ist er jetzt satt?

die **Frucht**

Außen braun und innen grün,
kugelrund und kerngesund.
Kennst du diese Frucht?

fühlen

Wie fühlt es sich an?
Ist es schwer oder leicht,
ist es hart oder weich?

der **Fuß**

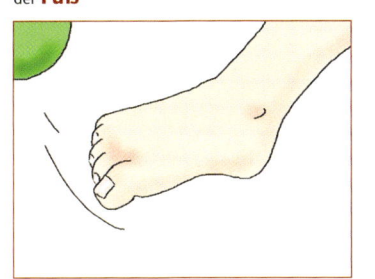

Stefan ist dran.
Er stößt den Ball
mit dem Fuß an.

der **Fußball**

Ich wünsche mir einen Fußball.
Aus Leder muss er sein.
Warte ein bisschen,
du bist noch zu klein.

füttern

Taube, komm ein wenig
näher heran,
damit ich dich füttern kann.

das **Fußballspiel**

der **Fuß**

Die Ente geht nicht, sie watschelt.
Sie kann auch schwimmen.
Sie hat Füße mit Schwimmhäuten.

Heute gibt's ein Fußballspiel –
wir alle spielen mit und
schreien dann im Chor:
Tor! Tor! Tor!

der **Fußboden**

Flip sitzt auf dem Fußboden.
Er ist noch klein, er ist allein.
Bald wird Mami bei ihm sein.

die **Gabel**

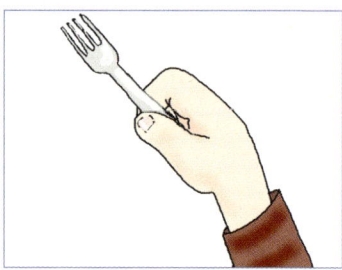

Wenn ich ein Vöglein wär, dann
äße ich ohne Gabel
und pickte mit dem Schnabel.

die **Gardine**

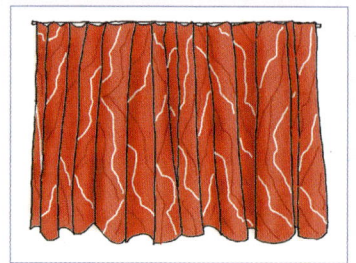

Ins Bett, ins Bett,
Gardinen zu.
Die Eule schreit
uhu-uhuuu.

der **Fußtritt**

Pia gibt ihrer Puppe
einen Fußtritt.
Geh weg, schreit Pia, geh!
Au, sagt die Puppe, das tat weh.

der **Garten**

G g

Im Garten kann man ruh'n.
Es gibt auch viel zu tun.

das Gartentor

Das Gartentor ist zu.
Was nun, kleine Maus?
Wie kommst du hinaus?

geben

Die Schachtel gehört mir.
Ich gebe sie dir.

gefährlich

Halt, stopp! Ein Auto. Bleib stehen,
das ist gefährlich. Erst gucken,
dann über die Straße gehen.

der Geburtstag

Jim feiert Geburtstag.
Wie alt ist er? Drei.
Jan hat im Juni Geburtstag.
Er ist erst zwei.

gehen

Zuerst sicher stehen,
dann ein Schritt – und
noch ein Schritt. Hurra,
Pepe kann gehen.

gelb

Sonne, ich sehe dich.
Du bist so gelb wie ich.
Siehst du mich?

das Geld

Wir haben Geld.
Was kostet die Welt?

gemein

Warum hast du den Turm
kaputtgemacht?
Geh weg! Du bist gemein.
Ich spiele jetzt allein.

das Geschenk

Bitte, das Geschenk ist für dich.
Oh, wie schön!
Vielen Dank, ich freue mich.

das Geschäft

Das ist ein Geschäft.
Alles, was wir brauchen,
können wir hier kaufen.

die Geschichte

Pst, seid leise und hört mir zu.
Ich lese die Geschichte von der
Schnecke und dem Kakadu.

das Gesicht

Die Puppe hat Augen, Mund
und Nase. Sie hat ein Gesicht.
Aber weinen, beißen und niesen
kann sie nicht.

das Gewehr

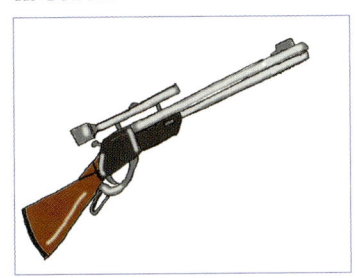

Peng, peng! Der Jäger schießt
mit einem Gewehr.
Wer tot ist, lebt nicht mehr.

die Girlande

Das ist ja komisch,
ein bisschen verrückt:
Das Pferd ist mit einer
Girlande geschmückt.

das Glas

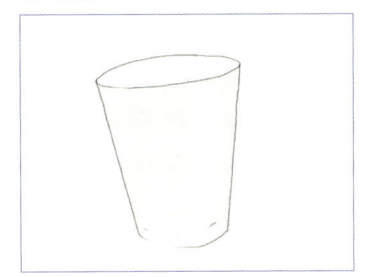

Ein Glas ist aus Glas.
Wusstest du das?

die Gießkanne

Im Frühling, wenn
die Blumen sprießen,
muss ich sie mit der
Gießkanne gießen.

gleich

Beide Kinder haben
die gleichen Hosen,
die gleichen Jacken.
Was ist noch gleich?

die Giraffe

Die Giraffe ist
ein großes Tier
mit langem Hals.
Man sieht es hier.

gleichen (sich)

Schau, wie sie sich gleichen:
Miez ist wie Mauz
und Mauz ist wie Miez.
Kannst du sie unterscheiden?

das Gras

Das Gras ist grün,
die Blumen blühn.
Das Gras ist nass.
Was macht denn das?

grün

Grüner Frosch im grünen Gras,
wo bist du? Sag mal quak!
Hier bin ich. Such mich doch,
quaaak, quaaak, quaaak.

groß

Ich habe einen Luftballon.
Erst war er klein, jetzt ist er groß.
Pass auf! Er fliegt gleich los.

gruselig

Eine Spinne.
Hu, wie gruselig.
Spinne, geh weg!
Ich mag dich nicht.

gucken

Guck mal!
Was siehst du da?

das Gummiband

Das ist das Gummi-Gummispiel
mit einem Gummi-Gummiband
an der Gummi-Gummihand
in dem Gummi-Gummiland.

die Gurke

Grüne Gurken, knackig und frisch,
kommen bei uns
jeden Tag auf den Tisch.

der Gürtel

Ein neuer Gürtel –
ich zeig ihn dir.
Er ist sehr schön.
Leihst du ihn mir?

gut

Bin ich gut?
Ich kann auf den Zehen stehen
und dabei den Mond ansehen.

gute Nacht

Gute Nacht! Schlaf ein,
mein Kind.
Was du hörst, ist nur
der Wind.

H h

das **Haar**

Wüst ist mein Haar.
Ich muss es kämmen.
Das ist klar.

die **Haarspange**

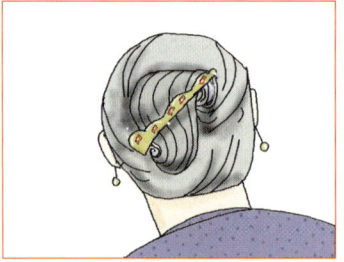

Kennst du Frau Bohnenstange?
Sie hat lange Ohrringe
und eine große Haarspange.

der **Hahn**

Hörst du den Hahn in der Früh?
Er kräht und kräht
kikeriki, kikeriki.

der **Haken**

An den Haken für die Jacke
komm ich nicht heran.
Ich frage meine Schwester,
ob sie mir helfen kann.

der **Hals**

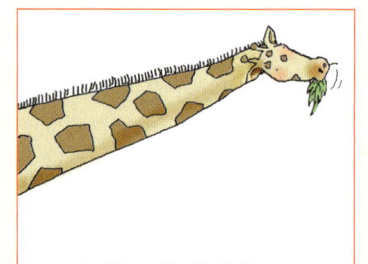

Der Hals einer Giraffe
ist länger als
jeder andere Hals.

die **Halsschmerzen**

Bär hat Halsschmerzen.
Alles tut ihm weh:
der Hals, der Kopf und –
oje! – auch ein Zeh.

die **Hand**

Nicht zu schnell!
Warte am Straßenrand
und gib mir deine Hand.

das **Handtuch**

Winnie wickelt sich
in das Handtuch ein.
Bald wird er
warm und trocken sein.

hängen

Ja, was ist denn das?
Der Affe hängt an einem Ast.

der **Handschuh**

Die grünen Handschuhe
hat mir meine Tante geschickt.
Sie hat sie selbst gestrickt.

der **Handstand**

Bär macht einen Handstand.
Er steht fast auf dem Kopf.
Kannst du das auch?
Versuch es doch!

das **Handy**

Stell mir bitte
das Handy an,
damit ich mit Oma
telefonieren kann.

hart

Au! Das war hart.

der **Hausschuh**

Hausschuhe aus und Stiefel an.
Schau, wie schnell
ich laufen kann.

heiß

Noch nicht trinken,
der Tee ist heiß.
Warte ein bisschen.
Ja, Papa, ich weiß.

das **Häufchen**

Bah, ein Häufchen.
Das darf nicht sein.
Halte die Straße rein.

das **Haus**

Da steht unser Haus.
Es hat ein rotes Dach
und eine blaue Tür.
Gefällt es dir?

das **Hemd**

Der Junge trägt
ein hübsches Hemdchen.
Siehst du darauf
das gelbe Entchen?

der **Herr**

Guten Tag, mein Herr.
Ich kenne Sie nicht.
Zeigen Sie mir bitte
Ihr ganzes Gesicht!

der **Hintern**

Sagt man Hintern
oder Popo?
Das ist gleich,
so oder so.

der **Hirsch**

Pst, still, nicht weitergehen!
Am Waldrand steht ein Hirsch.
Kannst du ihn sehen?

der **Himmel**

Wenn die Sonne scheint,
ist der Himmel blau.
Wenn es regnet,
ist er grau.

hinter

Bär, da bist du ja!
Ich hab dich entdeckt.
Du hast dich hinter
der Gardine versteckt.

hinunter

Bobby und Billy,
immer noch munter,
laufen die Treppe
hinauf und hinunter.

hoch

Hoch am Himmel
in weiter Ferne
funkeln viele
tausend Sterne.

holen

Holst du mir bitte
das rote Säckchen!
Du findest es in
dem braunen Kästchen.

hopp

Hopp und hopp und
auf und ab;
hopsen, hopsen,
macht nicht schlapp!

die Hose

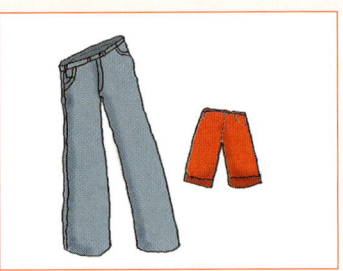

Ob Sommer, ob Winter,
das ist mir schnurz,
ich trage die Hosen
am liebsten kurz.

der Hubschrauber

Mit lautem Gebraus
fliegt ein Hubschrauber
über unser Haus.

das Huhn

Das Huhn legt
jeden Tag ein Ei.
Am Sonntag
auch mal zwei.

der **Hund**

Was mein Hund will,
weiß ich genau.
Gassi gehen heißt:
Wumm-wuff-wau-wau.

die **Hundehütte**

Die Hundehütte
ist wie ein Haus.
Der Hund darin
sieht harmlos aus.

husten

Öhö, öhö. Du
hustest und prustest,
geh nicht raus.
Bleib lieber zu Haus!

der **Hunger**

Hast du Hunger?
Iss geschwind
alle Nudeln,
die hier sind.

der **Hut**

So war es damals.
So sahen die Leute aus.
Sie gingen nicht ohne
Hut aus dem Haus.

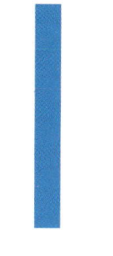

i

ich

Ich bin ich – du bist du.
Du und ich – das sag ich dir:
Du und ich sind wir.

die Idee

Ich habe eine Idee:
Ich backe und verkaufe Kuchen.
Das ist eine gute Idee.
Ich komme dich besuchen.

immer

Immer, wenn ich schlafen gehe
und den Mond am Himmel sehe,
weiß ich, dass er mich bewacht.
Gute Nacht!

der Igel

Beeilung, Igel,
und gebt Acht!
Da fährt ein Auto
durch die Nacht.

in

Seid still,
macht kein Geschrei!
Der Vogel will brüten.
In dem Nest liegt ein Ei.

J j

die Jacke

Heute gehen wir
in den Wald.
Zieh die Jacke an,
es ist kalt.

das Jahr

Geburtstag ist heute.
Wie alt ist das Kind?
Das ist doch klar:
Es ist drei Jahr'.

der Joghurt

Wer Joghurt isst,
das ist bekannt,
bleibt kerngesund
und gertenschlank.

der Junge

Beim Fußballspielen
im Hof und auf der Wiese
ist jeder Junge schon bald
ein Riese.

K k

der Kaffee

Der Kaffee ist fertig,
es dampft und zischt.
Drück auf den Knopf!
Die Lampe erlischt.

55

kalt

Brrr, meine Hände sind kalt,
beinah erfroren.
Ach, hätt ich die Handschuh'
doch nicht verloren.

das Kaninchen

Ich zeige dir meine Kaninchen.
Das eine heißt Minchen,
das andre ist Stinchen.

die Karte

Der Postbote hat
mir diese Karte gebracht.
Als ich sie sah,
hab ich laut gelacht.

der Kamm

Ein Kamm hat Zinken und –
hättest du das gedacht? –
dieser Kamm ist
aus Holz gemacht.

kämmen

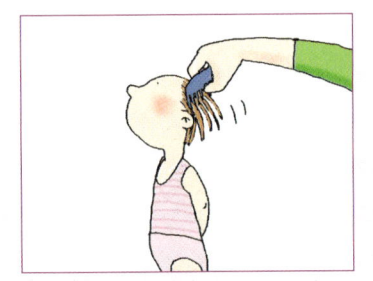

Au-au, das zieht!
Lass, Mama, nein,
ich kämme mich
lieber allein.

kaputt

Tante Sibylle
saß auf der Brille.
Jetzt ist sie kaputt –
die schöne Brille.

die **Kartoffel**

Kartoffeln pflanz ich
in meinen Garten.
Bis zur Ernte
muss ich lange warten.

der **Käse**

Im Käse ist
Loch an Loch
und das Mäuschen
frisst ihn doch.

das **Karussell**

Die Musik spielt
dideldum – dideldum.
Das Karussell fährt
immer rundherum.

das **Kasperletheater**

Heute ist Kasperletheater.
Der Vorhang geht auf.
Kinder, seid ihr alle da?
Ja, Kasperle, ja!

das **Kätzchen**

Das ist ein drolliges Kätzchen!
Es hat ein weißes Auge
und auch zwei weiße Tätzchen.

die **Katze**

Wer kann schnurren und kratzen?
Wer fängt Mäuse und Spatzen?

die **Keksdose**

Die Keksdose steht
bei uns auf dem Tisch.
In der Dose bleiben
die Kekse frisch.

die **Kerze**

Mama hat den Tisch
festlich gedeckt
und auf die Torte
vier Kerzen gesteckt.

die **Kette**

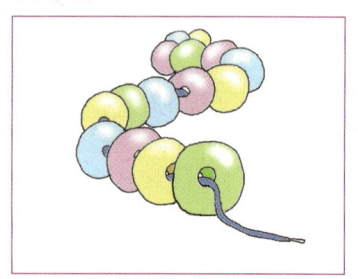

Diese Kette
ist nicht gekauft.
Ich ziehe sie
ganz alleine auf.

das **Kind**

Wie viel Kinder
siehst du hier?
Eins, zwei, drei
oder gar vier?

der **Kindergarten**

Ich geh in den Kindergarten.
Ich bin schon drei.
Mein Bruder muss noch warten.
Er ist erst zwei.

die **Kindergärtnerin**

Das ist Frau Koch,
meine Kindergärtnerin.
Sie tröstet mich,
wenn ich traurig bin.

der Kinderwagen

Papa soll mich tragen.
Ich will nicht
in den Kinderwagen.

kitzeln

Soll ich bei dir mal
killekille machen?
Oh, bitte nicht kitzeln,
da muss ich lachen.

die Klasse

Die Kinder haben Unterricht.
Sie sitzen in der Klasse
und lernen ein Gedicht.

der Kipplader

Der Kipplader hält
am Straßenrand.
Was bringt er?
Eine Ladung Sand.

klapp

das Kissen

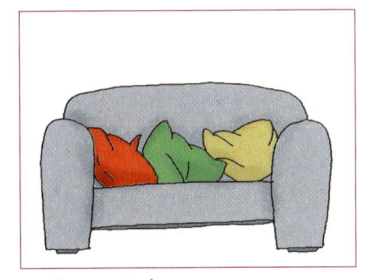

Kissen sind gut
zum Sitzen und Liegen.
Was denkst du: Kann man
damit auch fliegen?

Mit den Händen klapp-klapp-klapp,
mit den Füßen trapp-trapp-trapp,
hin und her, hin und her.
Noch einmal, das ist nicht schwer.

klatschen

Klatsch in deine Hände.
Weißt du, wie das geht?
Wenn eine Hand
gegen die andere schlägt.

der **Klebstoff**

Kleben mit Klebstoff,
kleben mit Leim,
was ich hier mache,
ist noch geheim.

die **Kleider**

Heute haben meine Bären
neue Kleider an:
Pullis, mit Blumen bestickt
und Mützen, selbst gestrickt.

klauen

Der Affe klaut Kuchen.
Das ist nicht fein.
Klauen ist Stehlen.
Das darf nicht sein.

kleckern

kleben

Oh, das wird ein schönes Tier!
Paul klebt einen Papagei
aus buntem Papier.

Ui, ui,
jetzt hast du gekleckert.
Pfui, pfui.

der Kleiderständer

Jacke in die Ecke schmeißen?
Oh nee!
Jacke auf den Kleiderständer?
Okay.

klettern

Vorsichtig klettern, erst
ein Fuß, dann der andere.
Ist es zu steil, nimm ein Seil.

die Klingel

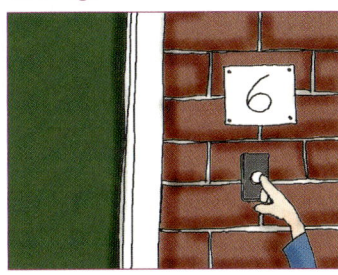

Drück auf die Klingel!
Ding-dang-dong.
Und noch einmal!
Ding-dang-dong.

klein

Der Elefant ist groß.
Die Maus ist klein.
Was könnte noch kleiner
als ein Mäuschen sein?

das Klettergerüst

Da steht ein Klettergerüst.
Anna – gar nicht bange –
hängt kopfüber
an der Stange.

klopfen

Klopf, klopf, klopf.
Wer ist da?
Ich.
Freust du dich?

kneifen

Au, lass das sein!
Kneifen ist gemein.

der Knopf (Hemd)

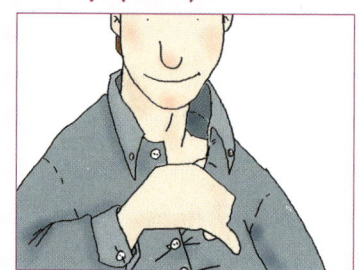

Papa zieht sich an.
Er hat sich gekämmt.
Jetzt fehlt ein Knopf
an seinem Hemd.

der Knopf (Fernseher)

Drück auf den Knopf,
mach den Fernseher aus!
Die Sonne scheint,
wir gehen raus.

kneten

Hurra, ich darf kneten.
Ich knete ein Tier.
Was für ein Tier?
Das siehst du hier.

kochen

Koche, brate, backe.
Mehl aus dem Sacke,
Eier aus dem Neste,
für alle nur das Beste.

das Knie

Wo sind deine Knie?
An den Armen
oder an den Beinen?
Zeige sie!

der **Kochtopf**

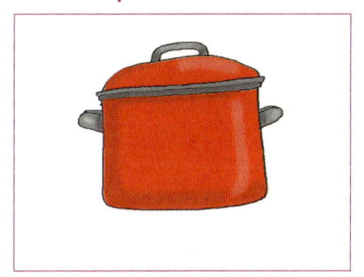

Das Wasser im Kochtopf
beginnt zu sprudeln.
Ich koche dir eine
Suppe mit Nudeln.

der **Koffer**

Im Koffer liegt
mein Kuscheltier.
Morgen früh
verreisen wir.

der **König**

Ich bin der König Kukulon.
Ich habe einen goldnen Thron,
ein Schloss, in dem ich wohne,
und eine kostbare Krone.

komisch

Komische Gitarre,
ein bisschen verrückt.
Dies Instrument ist
ein seltsames Stück.

der **Kopf**

Unsere Katze ist satt.
Sie streicht sich über den Kopf
und zieht die Barthaare glatt.

der **Korb**

In diesem Korb,
von Elefant bewacht,
schlafen meine Puppen
bis morgens um acht.

der Kran

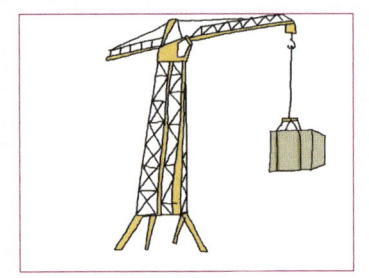

Komm, wir wollen
zur Baustelle gehen
und uns den großen
Kran ansehen.

krank

Meine Schwester ist krank,
hat Schmerzen und Fieber.
Sie schluckt Medizin.
Ein Eis wär ihr lieber.

der Krankenwagen

Tatü-tata,
der Krankenwagen
ist da!

das Krankenhaus

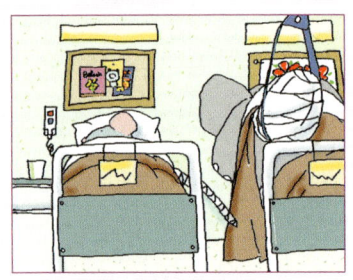

Maus liegt im Krankenhaus,
hat sich das Schwänzchen
verbrannt,
trägt einen dicken Verband.
Die arme, kleine Maus.

die Kreide

Mit Kreide – rot, blau und grün –
kann ich auf der Straße
malen und Striche ziehn.

der Kreis

Wir stehen im Kreis.
Wir fassen uns an
und spielen Plumpsack.
Du bist dran.

kriechen

Wer kriecht über den Weg –
ohne Beine, mit Haus –
und streckt die Fühler aus?

kritzeln

Ein bisschen kritzeln,
ein bisschen krakeln.
Ist dies ein Hai
oder eine Kritzelei?

das Krokodil

Das Krokodil
ist ein Reptil.
Es lebt am Nil und
frisst sehr viel.

kriegen

Meine Schwester bekommt
ein großes Geschenk –
und was kriege ich?
Wer denkt an mich?

die Küche

Oh Schreck, oh Graus!
In unserer Küche
sitzt eine Maus.

der Kuchen

Dieser Kuchen kommt
nicht vom Bäcker.
Er ist selbst gebacken
und sehr lecker.

kuckuck

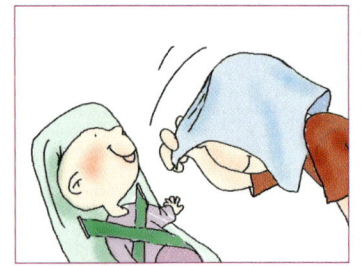

Kuckuck –
wo bin ich?
Such mich!

das **Küken**

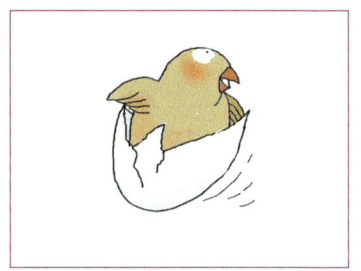

Tick-tick, pick-pick,
ein Küken schlüpft aus dem Ei.
Ich habe es gesehen,
ich war dabei.

der **Kuss**

Noch drei Küsse –
schmatz, schmatz, schmatz –,
nun gute Nacht,
mein kleiner Schatz.

die **Kuh**

Muh, muh, muh –
so ruft im Stall die Kuh.
Wir geben ihr das Futter,
sie gibt uns Milch und Butter.

das **Kuscheltier**

der **Kühlschrank**

Ist es im Sommer
heiß und schwül,
bleibt die Milch im Kühlschrank
frisch und kühl.

Tiere habe ich eine Menge,
aber nur ein Kuscheltier.
Das ist mein weicher Hase hier.

L l

das **Lamm**

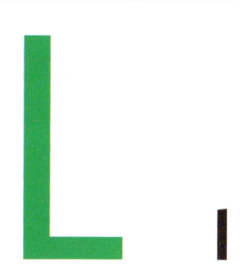

Zu Ostern werden
Hasen Eier bringen
und Lämmer über
Wiesen springen.

lachen

Was glaubst du, was
der Clown hier macht?
Weint er?
Nein, er lacht.

das **Lakritz**

Der kleine Fritz –
das ist kein Witz –
isst jeden Tag
zu viel Lakritz.

die **Lampe**

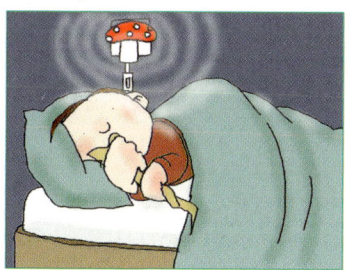

Schlaf gut, kleine Susan.
Hab keine Angst,
die Lampe bleibt an.

lang

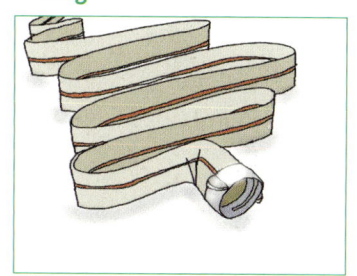

Wer braucht einen langen
Schlauch?
Der Gärtner, der Tankwart,
die Bauarbeiter und
die Feuerwehr auch.

der **Lärm**

R, rr, rrr, rrrrrr.
Was für ein Lärm!
Schrecklich, dieses Bohren!
Oh, meine armen Ohren.

laufen

Lauf nach Haus, kleine Maus.
Beeil dich sehr.
Unser Kater ist
hinter dir her.

lauschen

Hörst du das ferne Rauschen?
Nein?
Du musst ganz still sein
und aufmerksam lauschen.

der **Lastwagen**

Ein Lastwagen hält vor dem Haus.
Der Fahrer steigt aus.
Was hat er geladen?
Magst du ihn fragen?

das **Lätzchen**

Was sind das für Mätzchen?
Die beiden Lümmel
bekleckern den Tisch
und ihre Lätzchen.

lecken

Ist es heiß, kauf ein Eis.
Hmm, das wird schmecken.
Schlecken, immer schlecken.
Darf ich auch mal lecken?

lecker

Das ist lecker,
denkt der kleine Schlecker.
Nehm ich eins oder zwei?
Ach was, ich nehme drei.

leise

Ich weiß was, es ist noch geheim.
Nun gut, ich schlage vor:
Sag es ganz leise
in mein Ohr.

das **Lenkrad**

Leo sitzt am Lenkrad.
Sein Auto ist klein.
Später, wenn er groß ist,
will er Rennfahrer sein.

leer

Die Milch schmeckt gut.
Der Becher ist leer.
Mama, hast du noch mehr?

lesen

Wir lesen die Geschichte
Bär bläst ins Horn,
und wenn sie aus ist,
sag ich: Noch mal von vorn!

die **Lehrerin**

Wir lernen ein Lied.
Die Lehrerin singt vor.
Dann singen wir alle
zusammen im Chor.

das **Licht**

Weißt du, was ich kann?
Ich mache das Licht
alleine aus und an.

das **Lied**

Mein Püppchen, mein Püppchen,
nun schlafe ein –
ich sing dir ein Lied
vom Mondenschein.

lieb

Papa und Mama sind lieb.
Lieb ist auch mein Brüderlein.
Ich möchte der Liebste
von allen sein.

liegen

Dick und fett liegt der
Kater auf dem Bett.

lila

Das kommt mir komisch vor:
ein Bär mit einem weißen
und einem lila Ohr.

die **Limonade**

Limonade, Saft
oder Gänsewein,
was darf es sein?
Ich schenke ein.

die **Lippe**

Spitz die Lippen,
gibt mir noch einen Kuss,
bevor ich weggehen muss.

das **Loch**

Au, der Kläffer von nebenan
hat mich ins Bein gebissen
und ein Loch in meine
Hose gerissen.

der **Lolly**

Schleck-schleck. Schnell
ist der Lolly weg.

der **Löffel**

Mit dem Löffel isst du Pudding,
mit dem Löffel isst du Suppe,
mit dem Löffel isst du Brei,
manchmal auch ein Ei.

der **Löwe**

Der Löwe Ludwig
lebt im Zoo.
Er brüllt sehr laut
und das klingt so: Uuaaa ...

der **Luftballon**

Da fliegt mein Luftballon.
Er tanzt am Himmel
und schwebt davon.

M m

das **Mädchen**

Ist das ein Mädchen hier?
Sehen Mädchen anders aus
als Jungen?
Warum? Erklär es mir.

malen

Die Zeichnung im Malbuch
male ich aus.
Ich mache ein
buntes Bild daraus.

machen

Was macht Lukas?
Er baut ein Haus.
Kommt er denn
mit den Steinen aus?

der **Malkasten**

In meinem Malkasten sind
viele Farben: Grün und Gelb,
Rot, Rosa und Blau,
aber kein Schwarz und kein Grau.

der **Malstift**

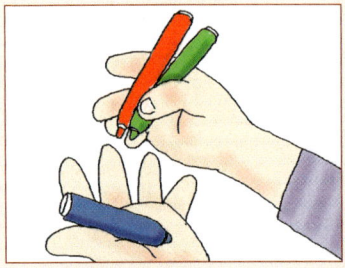

Hier sind drei Malstifte,
rot, grün und blau.
Einer für dich
und zwei für mich.

die **Mama**

Ich bin deine Anna.
Du bist meine Mama,
Gibst du mir ein Küsschen?
Mama, ich hab dich lieb.

der **Mantel**

Komme ich nach Haus,
ziehe ich gleich
meinen Mantel aus.

die **Mauer**

Wer will fleißige Handwerker sehen,
der muss zu uns Kindern gehen.
Stein auf Stein, Stein auf Stein,
die Mauer wird bald fertig sein.

die **Mandarine**

Diese Frucht ist süß und
kleiner als eine Apfelsine.
Ist das vielleicht
eine Manda…?

der **Mann**

Das ist Fabian.
Früher war er ein Junge,
jetzt ist er ein Mann.

die **Maus**

Es raschelt im Haus.
Wo ist die Maus?
Mäuschen, sag mal
piep!

das **Meer**

Die Sonne scheint.
Wir fahren ans Meer.
Ich plansche im Wasser
und freue mich sehr.

das **Meerschweinchen**

Das sind unsere Meerschweinchen.
Sie heißen Fritz und Franz.
Sie haben kurze Beinchen
und einen Stummelschwanz.

der **Mensch**

Papa ist ein Mensch,
Mama ist ein Mensch.
Ein Hund ist ein Tier.
Wie viel Menschen siehst du hier?

das **Messer**

Scharfe Messer
schneiden besser
als stumpfe Messer.

der **Metzger**

Ritsch-ratsch, ritsch-ratsch
schneidet der Metzger
die Wurstscheiben ab.

die **Milch**

Weißt du, was ich mit der
Milch machen kann?
Ich male mir einen
Schnauzbart an.

mitnehmen

Das ist Judith.
Sie geht zu Bett.
Schau auf das Bild.
Was nimmt sie mit?

mögen

Rosenkohl mag ich nicht.
Nein.
Rosenkohl esse ich nicht.
Nein, nein, nein.

die **Möhre**

Vier feine Möhren wachsen
in unserem Garten:
Zwei sind fürs Kaninchen und
zwei für dich, Sabinchen.

die **Mitte**

Da steht ein Pferd
und da ist eine Kuh.
Was in der Mitte steht,
das sagst du!

der **Mond**

Guter Mond, heute bist du
voll und rund und schön.
Bald kommt die Zeit,
in der wir dich nicht sehn.

das **Motorrad**

Brr, brrr, brumm, brumm.
Wer fährt Motorrad?
Das ist Frau Schratt,
sie fährt in die Stadt.

müde

Das Köpfchen wird schwer,
die Augen fallen zu.
Das Kindchen ist müde,
es kommt zur Ruh.

der **Müll**

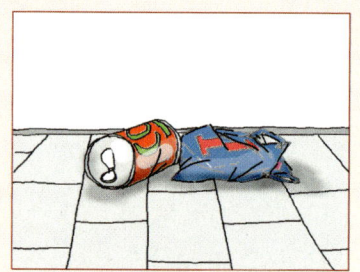

Auf der Straße liegt Müll.
Das darf nicht sein.
Müll kommt in den
Müllsack hinein.

der **Mund**

Was machst du mit dem Mund?
Essen und trinken,
sprechen und lachen
und tausend Faxen machen.

die **Müllabfuhr**

Achtung: Da kommt die Müllabfuhr!
Der Müllmann muss
die Säcke tragen und
sie auf den Wagen laden.

die **Murmel**

Bunte Murmeln aus Glas,
die wünsche ich mir.
Wie man damit spielt,
das zeige ich dir.

die **Muschel**

Vom Meer angespült
an den Strand,
nehme ich die Muschel
in meine Hand.

die **Musik**

N n

der **Nabel**

Wir machen Musik.
Ich sitz am Klavier.
Da ist der Ton A und
das C – das ist hier.

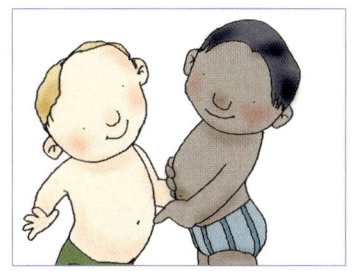

Mein bester Freund Abel
hat auch einen Nabel,
genauso wie ich.

die **Mutter**

die **Mütze**

die **Nacht**

Meine Mutter heißt Mama,
ich bin ihr Kind.
Ich bin glücklich,
wenn wir zusammen sind.

Trägt dieser Mann ein Käppi
oder einen Hut?
Nein, das ist eine Mütze.
Sie steht ihm sehr gut.

Dunkel ist die Nacht.
Der Mond wacht.
Hell ist der Tag.
Die Sonne lacht.

nackt

Höschen runter, Hemdchen aus.
Nackt ist unsere kleine Maus,
springt jetzt in die Wanne rein,
plitsch, platsch, platsch.

die **Nase**

Spiegel, wie ist meine Nase?
Ist sie lang, spitz oder rund?
Oh wie dumm,
sie ist ein bisschen krumm.

nass

Das Wasser spritzt,
der Boden wird nass.
Nass ist auch
der Nicolas.

der **Nagel**

Klopf, klopf, klopf,
schlag dem Nagel
auf den Kopf.

Nase putzen

der **Napf**

Der Napf ist gefüllt.
Kätzchen, komm her!
Hmm, hmm, miau, miau.
Der Napf ist gleich leer.

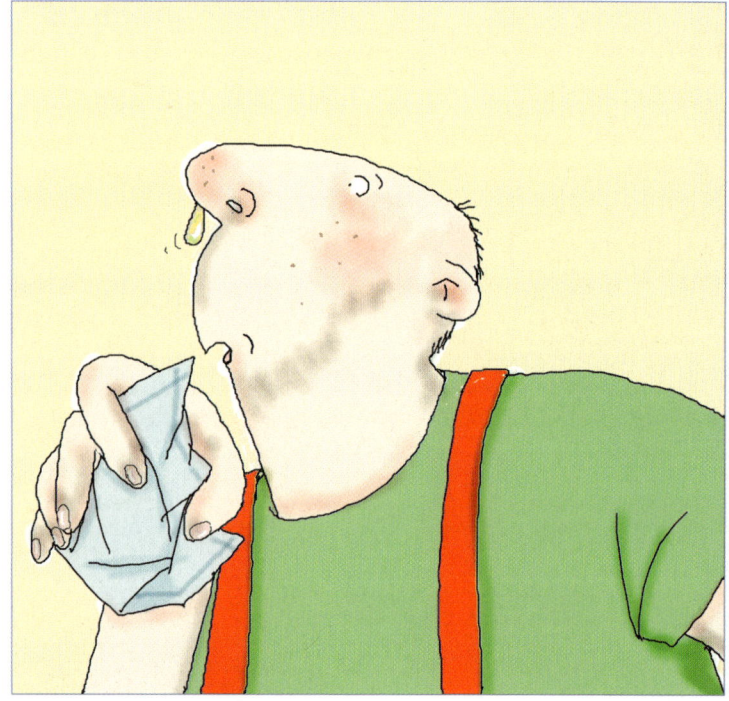

Hatschi, hatschi.
Riese, putz dir mal die Nase
mit dem Riesentaschentuch!

neben

Hilfe, Hilfe!
Neben mir sitzt ein Löwe.
Er ist stark und groß.
Was mache ich bloß?

neu

Meine Jacke ist neu.
Sie hat sieben Taschen,
genug Platz für alle
meine Siebensachen.

der **Nikolaus**

Seht, da kommt der Nikolaus
mit seinem langen Bart.
Er reitet jetzt von Haus zu Haus
und fragt euch, ob ihr artig wart.

die **Nugatcreme**

Nugatcreme, hmm – lecker aufs Brot.
Ein bisschen auf die Hand
und dann an die Wand.
Kleiner Kleckermax!

die **Nuss**

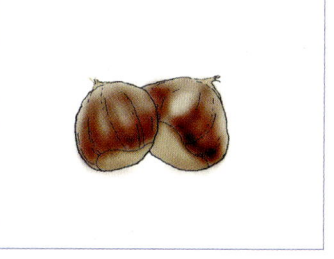

Was ist das?
Hat ein Häuschen hart wie Stein,
doch was drin ist,
das schmeckt fein.

O o

oben

Oben auf meinem Spielschrank
sitzen Miez und Mauz,
spielen mit dem Wollknäuel,
spielen Katz und Maus.

offen

Träume ich oder bin ich wach?
Es ist mitten in der Nacht.
Meine Schatzkiste ist offen.
Wer hat sie aufgemacht?

öffnen

Tina öffnet
die schwere Tür.
Das kann sie schon.
Sie ist jetzt vier.

das **Obst**

Frisches Obst – Apfel,
Birne und Banane –,
geschält und gezuckert,
und noch etwas Sahne?

der **Ofen**

Im Ofen flackert das Feuer,
es wärmt und brennt.
Kohlen glühen,
Funken sprühen.

das **Ohr**

Es gibt allerlei Ohren:
Löffel und Lauscher,
Schlappohren und Segelohren –
und die leckeren Schweinsohren.

die **Ohrfeige**

Klatsch-patsch! Flip gibt
Flap eine Ohrfeige.
Au-au, schreit Flap,
warum schlägst du mich?

die **Oma**

Mit Oma will ich spielen,
mit Oma darf ich lachen,
mit Oma kann ich tausend
verrückte Sachen machen.

der **Opa**

Opa ist immer lustig.
Er fährt täglich Rad.
Heute holt er mich
vom Kindergarten ab.

der **Onkel**

Mein Onkel ist wie ich
ein Fußballfan.
Ich stürme vor,
er steht im Tor.

P p

das **Päckchen**

Ich habe dir ein Päckchen
mitgebracht und ich hoffe,
dass es dir Freude macht.

der **Papa**

Papa, Papa,
hebst du mich hoch?
Juhu, juhu!
Jetzt bin ich größer als du.

der **Papierkorb**

Mein Papierkorb –
er steht hier –
frisst leere Tüten
und Bonbonpapier.

passen

Paul macht ein trauriges
Gesicht.
Die neuen Schuhe
passen ihm nicht.

der **Papagei**

Ruhig!, krächzt der Papagei,
mach kein Geschrei! Bye-bye.
Er plappert alles nach.
… alles nach. Bye-bye.

das **Parkhaus**

Tut-tut, tüt-tüt-tüt.
Ist das Parkhaus besetzt?
Nein, ein Platz ist noch frei,
da vorne in der ersten Reih'.

das **Papier**

Was guckt da
aus dem Papier?
Ein allerliebstes
Schnuffeltier.

die **Perle**

Viele bunte Perlen
reihe ich auf und
mache eine schöne
Kette daraus.

der **Pfau**

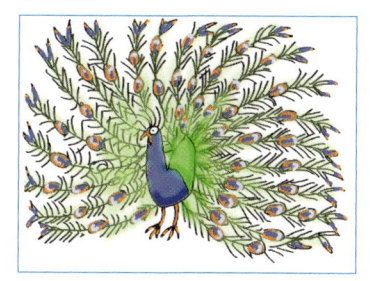

Auf der Wiese steht ein Pfau.
Er spreizt die Federn,
er streicht sie glatt
und schlägt ein Rad.

die **Pfeife**

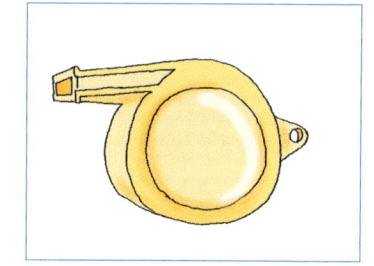

Aus der Pfeife –
pfffft – kommt
ein lauter Pfiff.

der **Pfannkuchen**

Hm, leckere Pfannkuchen,
frisch aus der Pfanne!
Einen für Jonas,
einen für Hanne.

pfeifen

Philipp will pfeifen.
Kann er das?
Nein, er übt noch.

das **Pferd**

Hopp, hopp, hopp,
Pferdchen, lauf Galopp.

83

die **Pflanze**

Eine Pflanze im Topf –
ob groß oder klein –
kann allen Menschen
eine Freude sein.

piksen

Schnipp-schnapp. Au!
Ich habe mich gepikst.
Die Schere ist spitz, sie hat
mir die Haut aufgeritzt.

der **Pimmel**

Einen Pimmel
hat der kleine Wicht.
Das Mädchen
hat ihn nicht.

das **Pflaster**

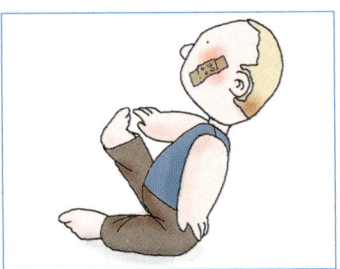

Au, au, ich brauche ein Pflaster.
Wo tut es dir weh?
Hier, an der Wange
und am großen Zeh.

der **Pilz**

die **Pfütze**

Hinein in die Pfütze!
Pitsch-patsch, pitsch-patsch.
Hinein in den Matsch!
Klitsch-klatsch, klitsch-klatsch.

Sollen wir in den Wald gehen
und nach den Pilzen sehen?
Die guten nehmen wir mit,
die giftigen lassen wir stehen.

der **Pinguin**

Herr Pinguin,
der vornehme Mann,
hat einen schwarzen Anzug
mit weißer Weste an.

der **Pinsel**

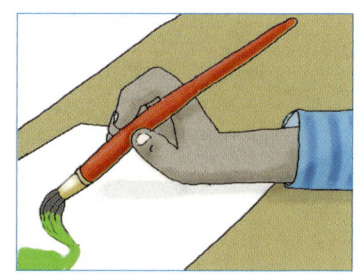

Malen mit dem Pinsel
hin und her, kreuz und quer.
Fertig.
Wie gefällt dir mein Gepinsel?

Pipi machen

Ich bin Papas Sohn.
Pipi machen – wie Papa –
das kann ich schon.

pinkeln

Der Hund hebt das Bein,
pinkelt gegen den Baum.
Ist das fein? Muss das sein?

die **Pistole**

Ich habe eine Pistole.
Peng-peng, peng-peng.
Keine Angst, ich lass dich leben.
Ich schieße nur daneben.

die **Pizza**

Die Pizza mit Käse,
mit Wurst und Tomaten
ist dem Pizzabäcker
gut geraten.

der **Platz**

Mama und Papa
sitzen auf dem Sofa.
Und ich? Ist da
noch Platz für mich?

das **Plätzchen**

Dieses Plätzchen,
süß und rund,
stecke ich dir
in den Mund.

plumps!

Kartoffel in den Topf – plumps.
Wasser spritzt auf.
Kartoffel in den Topf – plumps.
Spritz-plumps, spritz-plumps …

das **Polizeiauto**

Ein Polizeiauto
hält vor dem Haus.
Zwei Polizisten
steigen aus.

die **Pommes frites**

Heute gibt es Pommes frites.
Iss nicht zu viel,
sonst wirst du so dick
wie ein Krokodil.

das **Portemonnaie**

Hier ist die Tasche,
da ist das Portemonnaie.
Geh zum Kaufmann und kauf
ein Glas Himbeergelee.

die **Prinzessin**

Kennst du Prinzessin Mathilda
aus dem Lande Schilda?
Sie isst nur Paprika mit Reis
und jeden Tag ein großes Eis.

der **Pullover**

Im Winter, an kalten Tagen,
sollte man immer einen
dicken Pullover tragen.

die **Puppe**

Meine Puppe hat echtes Haar.
Meine Puppe kann sprechen
und sogar Pipi machen.
Ja, wirklich wahr!

der **Pudding**

Der Pudding ist gut
für meinen Magen.
Hänschen Nimmersatt
kann viel vertragen.

die **Pudelmütze**

Unser Schneemann hat eine
Nase aus Lakritz
und eine grüne Pudelmütz'.

das **Puppenhaus**

Komm, wir spielen mit
dem Puppenhaus.
Wo sind deine Puppen?
Sie gehen gerade aus.

der **Puppenwagen**

An schönen Tagen
lege ich meine Puppen
in den Puppenwagen
und fahre sie aus.

das **Puzzle**

Mit Geduld und Glück
wird dieses Puzzle
ein Meisterstück.

Q q

pusten

Pusten, pusten Seifenblasen,
kleine Blasen, große Blasen
schweben dir entgegen,
zerplatzen in der Luft.

quaken

putzen

Zähne putzen – vorne, hinten,
rauf und runter, außen, innen,
hin und her, ist nicht schwer.

Frösche quaken, Enten quaken,
Vögel flöten, Lämmer blöken,
Schlangen zischen, Grillen zirpen,
Pferde schnauben, Hunde jaulen.

der **Quark**

Quark mit Zucker oder Zwiebel
mit Banane und Sahne –
so oder so – mein Magen
kann alles vertragen.

R r

der **Quatsch**

Ich bin Prinzessin Rosa.
Wer bist du?
Red keinen Quatsch,
lass mich in Ruh!

das **Rad**

Das Auto fährt.
Es fährt auf Rädern.
Die Räder rollen,
wohin wir wollen.

Rad fahren

Klingeling. Ich fahre Rad
und trete in die Pedale
und fahre gegen den Wind,
bis die Beine müde sind.

das **Radio**

He, was ist das
für ein Geräusch?
Was dröhnt da so?
Ist das ein Radio?

der **Räuber**

Piff-paff-puff.
Der Räuber ist ein Schuft.
Sei vorsichtig! Er schießt
und stiehlt. Piff-paff-puff.

die **Raupe**

Die Raupe sitzt auf
einem Blatt.
Sie frisst und frisst
und wird nicht satt.

der **Regenschirm**

Es regnet, es regnet,
wir werden nicht nass.
Wir haben einen Regenschirm
und gehen auf die Straß'.

der **Regen**

Die Katze läuft im Regen.
Auf Regen folgt Sonnenschein.
Dann wird sie wieder
zu Hause sein.

regnen

Es regnet, wenn es regnen will,
und regnet seinen Lauf.
Und wenn's genug geregnet hat,
dann hört es wieder auf.

die **Reihe**

Wir sind der Vögel dreie.
Wir sammeln uns
zum Vogelflug.
Wir bilden eine Reihe.

das **Rennauto**

Sssst – ein Rennauto rast vorbei,
jjjjjt – es geht in die Kurve,
sssst – noch eine Runde.
So geht es Stunde um Stunde.

rennen

Gleichmäßig rennen,
nicht lange verschnaufen.
So kann man
lange Strecken laufen.

der **Riese**

Der Riese ist riesengroß.
Er geht mit Riesenschritten
und beißt mit Riesenzähnen
in ein Riesenbutterbrot.

riechen

Mama will Suppe kochen.
Der Hund schnüffelt.
Was hat er gerochen?
Speck und Wurst.

der **Ring**

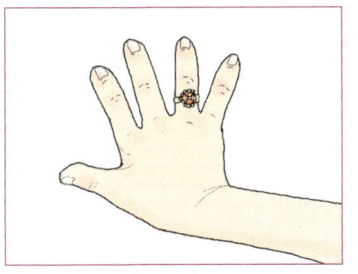

Was hast du an deinem Finger?
Was ist das für ein Ding?
Es hat ein schönes Steinchen.
Es ist ein goldener Ring.

ringen

Ringen heißt ein bisschen kämpfen.
Ringen tut nicht weh.
Beim Ringen kann man lachen
und verrückte Sachen machen.

das **Röckchen**

Unser Tanzprinzesschen
hat ihr schönstes Röckchen an.
Seht mal, wie gut sie auf
Zehenspitzen tanzen kann.

rollen

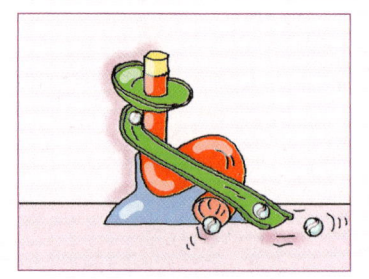

Runde Dinge können rollen.
Murmeln rollen,
Bälle rollen.
Was rollt noch?

rosa

Rosa ist mein Anzug.
Rosa ist mein Band.
Rosa ist der Kuchen
in meiner Hand.

der **Roller**

Mit meinem Roller
saus ich um die Eck'.
Gleich bin ich weg.

die **Rosine**

Rosinen zu verkaufen!
Zwei Euro das Päckchen.
Ein Euro das Säckchen.
Was wollen Sie kaufen?

rot

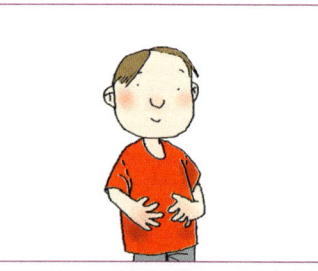

Rot ist meine
Lieblingsfarbe.
Alles, was ich habe,
ist rot.

der Rücken

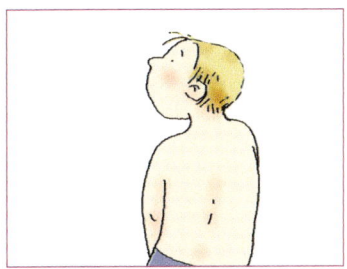

Mein Rücken tut weh.
Was soll ich machen?
Gerade stehen, spazieren gehen
und fröhlich lachen.

rückwärts

Die Lokomotive fährt rückwärts.
Da kommt sie an.
Gleich fährt sie vorwärts.
Häng einen Wagen dran.

rudern

Die Hitze macht mir
gar nichts aus.
Ich rudere auf
den See hinaus.

der Rucksack

Mein Rucksack ist groß. Es passt
viel hinein: Butterbrot, Bonbons,
Saft und Obst und die Geschichte
von Kasper und Stachelschwein.

rühren

Quark, Zucker, Butter, ein Ei –
tu alles in den Topf hinein.
Dann rühren, immer rühren.
Die Speise wird bald fertig sein.

rund

Rund ist leicht zu erklären:
Rund ist der Ball und die
Sonne und – das Bäuchlein
von meinem Bären.

die **Rutsche**

Hinauf auf die Rutsche!
Bahn frei!
Du gehst voran,
dann bin ich dran.

die **Säge**

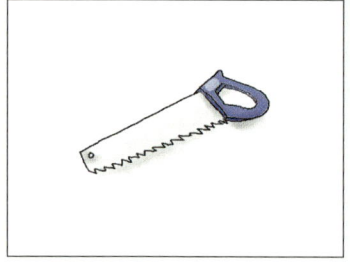

Ritze-ratze,
eins, zwei, drei –
die Säge sägt
ein Brett entzwei.

der **Salat**

Was fressen deine Kaninchen?
Frisch gepflückten Spinat.
Noch lieber mögen sie den
jungen grünen Salat.

S s

die **Sachen**

Was für ein Durcheinander!
So viele Sachen.
Wir werden ganz schnell
Ordnung machen.

der **Sand**

Breit ist der Strand,
überall liegt Sand.
Soll ich Muscheln suchen
oder backe ich Kuchen?

der **Sandkasten**

Mein Sandkasten
ist eine Bäckerei.
Kommst du mich besuchen?
Heute gibt es Butterkuchen.

die **Schachtel**

Da, in der großen Schachtel,
kann ich mich verstecken.
Soll ich dich mal
erschrecken?

der **Schal**

Der neue Schal
gefällt mir sehr.
Ach, wenn es doch
bald Winter wär!

sauber

Bär spült heute allein.
Das Geschirr wird blank
und sauber sein.

das **Schaf**

sauber machen

Bekleckste Tische und
schmutzige Sachen
sollte man wieder
sauber machen.

Mäh-mäh rufen die Schafe
und noch einmal: mäh-mäh!
Dann legen sie sich zur Ruh
und machen beide Augen zu.

scharf

Häschen, sei nicht dumm.
Geh mit dem scharfen Messer
ganz vorsichtig um.

die Schaufel

Unsere Schaufeln sind groß.
Wir spielen am Strand
und graben Löcher
in den Sand.

die Schaukel

Du sitzt auf der Schaukel.
Ich stoße dich an.
Erst schaukelst du,
dann komme ich dran.

die Schere

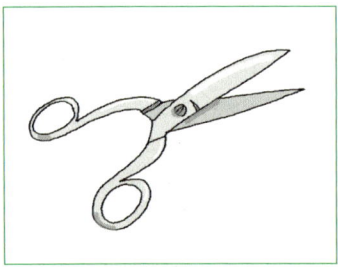

Die Schere ist spitz und scharf.
Ob ich wohl
mit der großen Schere
schneiden darf?

schieben

Eins, zwei, drei, vier,
fünf, sechs, sieben –
heute darf ich
den Wagen schieben.

die Schienen

Achtung –
nicht auf die Schienen gehen!
Da kommt der Zug.
Ich kann ihn schon sehen.

schießen

Schauspieler schießen –
das ist wahr –
nicht auf Menschen,
nur für die Kamera.

die Schildkröte

Die Schildkröte hat
einen Schutzpanzer an,
an dem man sie gut
erkennen kann.

der Schlafanzug

Verflixt, wie komme ich in den
Schlafanzug hinein?
Nehme ich erst dieses
oder jenes Hosenbein?

das Schiff

Schiffchen fahren,
Lieder klingen,
Fähnchen flattern,
Fische springen.

schlafen

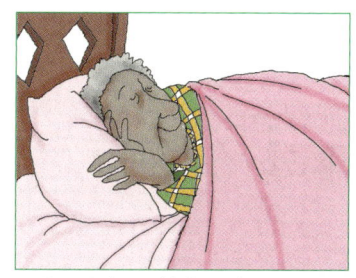

Das Baby schläft in der Wiege.
Die Katze schläft im Korb.
Die Oma schläft im Bett
und träumt von dir, Annett.

das Schlafzimmer

Das Schlafzimmer ist groß
und ich bin klein.
In der Nacht mag ich
nicht alleine sein.

schlagen

Ich bin nur ein kleiner Wicht.
Bitte, bitte, schlag mich nicht!
Wer schlägt, der ist ein
Bösewicht.

die **Schlange**

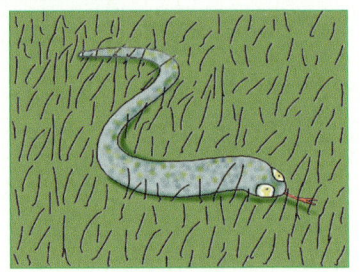

Die Schlange schlängelt sich.
Sie züngelt und zischt.
Fürchtest du dich?

die **Schleife**

Das ist Barbara.
Sie hat eine schöne
Schleife im Haar.

der **Schlamm**

Dieses Schwein wiegt
hunderttausend Gramm.
Es wälzt sich im Schlamm
und braucht keinen Schwamm.

der **Schlitten**

Wenn es schneit,
wenn es schneit,
kommt für uns
die Schlittenzeit.

der **Schluck**

Mit großen Schlucken –
gluck, gluck, gluck –
trinkt Ben den Becher leer. Gluck
das war der letzte Schluck.

schlucken

Mein Kopf ist heiß,
die Zunge weiß.
Au, au, ich kann nicht schlucken.
Ach ja, ich weiß, du willst ein Eis.

der Schlüssel

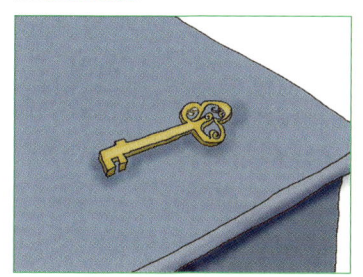

Der Schrank ist zu,
der Schlüssel abgezogen.
Ich sehe ihn.
Er liegt da oben.

der Schmetterling

Sage mir, wie heißt das Tier:
Erst war es Larve, dann Raupe,
jetzt gaukelt es umher.
Dieses Rätsel ist nicht schwer.

schmecken

Nam-nam, das schmeckt!
Ein Löffel, noch ein Löffel.
Der Teller ist bald leer.
Kriege ich noch mehr?

schmutzig

Der Hund gräbt – er gräbt ein Loch.
Die Schnauze wird schmutzig,
die Pfoten sind dreckig.
Das stört ihn nicht – er gräbt doch.

der Schnabel

Der Vogel öffnet den Schnabel.
Wird er dem Wurm etwas tun?
Der Wurm will auch leben.
Ja, so ist das eben.

die Schnauze

Das Kind hat einen Mund.
Eine Schnauze hat der Hund.

die Schnecke

Schnecke, Schnecke,
komm heraus!
Komm aus
deinem Schneckenhaus!

der Schneeball

Nimm dich in Acht! Wir
machen eine Schneeballschlacht.
Da kommt in hohem Bogen
der erste Schneeball angeflogen.

der Schnee

Auf Bäumen und Dächern liegt Schnee,
zugefroren ist der See.
Komm, gib mir deine Hand,
wir wandern durch das stille Land.

der Schneemann

Wir bauen einen Schneemann.
Ein Bauch, der Kopf obendrauf
und die Nase ins Gesicht –
aber riechen kann er nicht.

schneiden

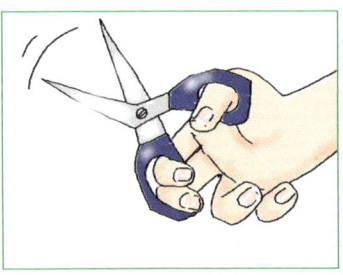

Schnippschnapp, schnippschnapp
schneidet die Schere
die Bommel ab.
Schnippschnapp.

schneien

Es schneit, es schneit,
es schneit in dichten Flocken.
Zieh die hohen Stiefel an,
dazu die warmen Socken.

die Schokolade

Max hat Schokolade.
So ein Glück.
Mäxchen, gibst du mir auch
ein Stück?

schön

Die Kette ist schön,
sie steht dir gut.
Jetzt fehlt dir noch
ein hübscher Hut.

der Schnürsenkel

Lange Schnürsenkel
haben die Schuh'.
Bindest du sie zu?

der Schoß

Sarah sitzt auf Mamas Schoß.
Püppchen sitzt auf Sarahs Schoß.
Mäuschen sitzt auf Püppchens Schoß.
Und – wer sitzt auf dem Mäuschen?

der Schnuller

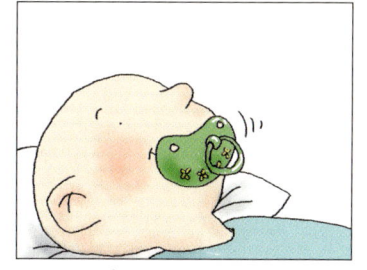

Das Baby weint.
Ich weiß, was es will.
Ich geb ihm den Schnuller.
Sofort ist es still.

der **Schrank**

Willst du dir Bücher ansehen?
Du weißt, wo sie stehen:
oben im Schrank.

der **Schritt**

Hier gibt es was zu lachen.
Dieser riesenhafte Mann
kann riesengroße Schritte
machen.

der **Schuh**

Ein Schuh hat Schnürsenkel, der
andere einen Klettverschluss.
Weißt du, wie man die Schuhe
zumachen muss?

schreiben

Ich kann schon schreiben.
Das ist einfach.
Hier steht mein Name.
M - a - x

schreien

Hört euch diesen Schreihals an:
Er schimpft und schreit,
so laut er kann.

die **Schule**

Paul sitzt in der Schule
ganz brav auf seinem Stuhle.
Er zählt und rechnet einwandfrei.
Eins und eins ist zwei.

der **Schuppen**

Der Schuppen
neben dem Haus
sieht aufgeräumt
und sauber aus.

der **Schwamm**

Willst du sauber putzen,
ist ein Schwamm
von großem Nutzen.

der **Schwanz**

Welches Tier hat einen Schwanz?
Der Fisch, das Pferd, die Katze,
der Hund und der Dingeldanz.

der **Schwan**

Ein weißer und ein
schwarzer Schwan.
Kennst du auch den Pelikan?

die **Schwester**

Das ist meine Schwester.
Sie ist noch nicht so groß.
Sie kann noch nicht laufen.
Sie darf auf meinen Schoß.

das **Schwimmbad**

Der Elefant springt –
patsch – ins Wasser rein.
Ist das Schwimmbad
nicht zu klein?

schwimmen

Wer kann schneller schwimmen?
Sollen wir wetten?
Oh, ich kann nicht mehr –
du musst mich retten.

die Seife

Die Seife schäumt
und duftet fein.
Gleich wird mein Püppchen
sauber sein.

das Seil

Spuck in die Hände
und zieh am Seil!
Hau-ruck, ruck-zuck,
hau-ruck, ruck-zuck.

segeln

Komm, wir wollen
segeln gehen
und die kleinen
Fische sehen.

selbst

Was ist mit deinem Schuh?
Soll ich dir helfen?
Nein, lass mich in Ruh,
das mach ich schon selbst.

sehen

Ich sehe was, was du nicht siehst.
Es fliegt und es ist klein.
Kann das wohl ein Flugzeug sein?

singen

Kannst du singen?
So muss es klingen:
C d e f g a h c,
c h a g f e d c.

sitzen

Mein Hund weiß,
was ich will.
Sag ich *sitz!*,
sitzt er still.

das **Sofa**

Auf dem Sofa sitzen Kinder.
Sind es zwei, drei oder vier?
Wie viel Kinder siehst du hier?

die **Socke**

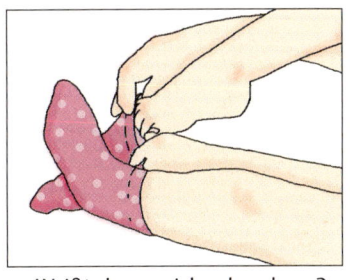

Weißt du, was ich schon kann?
Ich ziehe mir die Socken
ganz alleine an.

die **Sonne**

Die Sonne gibt uns
Wärme und Licht.
Wie groß sie ist,
das weiß ich nicht.

die **Sonnenbrille**

Wenn du durch die
Sonnenbrille schaust,
sieht die Welt
ganz anders aus.

die **Spaghetti**

Isst du lieber
Spaghetti oder Makkaroni
oder – wie heißen sie noch –
Rara – Ravioli?

das **Spiel**

Ich weiß ein schönes Spiel:
Puppen verstecken und suchen.
Eins, zwei, drei – wir fangen an.
Du bist dran.

spielen

Die Kinder spielen –
Lukas, Jonas und Kathrein –
jeder spielt für sich allein.
Möchtest du bei ihnen sein?

der **Spaß**

Schnipp-schnapp, die Nase ist ab.
Kleb an, sie ist wieder dran.
Da haben wir beide gelacht.
Ich hab nur einen Spaß gemacht.

der **Spiegel**

Spieglein, Spieglein,
an der Wand,
wer ist die Schönste
im ganzen Land?

der **Spielplatz**

Das Wetter ist schön.
Raus aus dem Haus!
Geht auf den Spielplatz
und tobt euch aus.

das Spielzeug

Wir spielen am Strand.
Die Sonne lacht.
Mein Spielzeug habe
ich mitgebracht.

springen

Eins, zwei, drei –
Bahn frei! Ich springe.

die Spritze

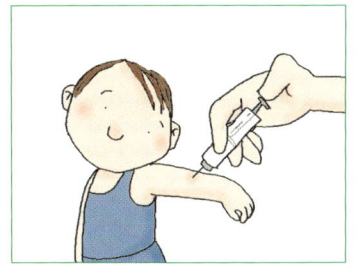

Eine Spritze für Timm –
nur ein Piks,
das ist nicht schlimm.

die Spinne

Die Spinne ist nützlich.
Die Spinne ist fleißig.
Sie hat in einer Nacht
ein ganzes Netz gemacht.

spritzen

Im Sommer,
wenn alle schwitzen,
muss unser Papa
den Rasen spritzen.

die Spitze

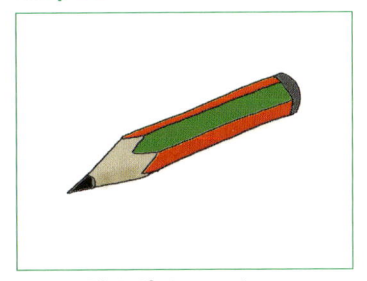

Der Bleistift ist gespitzt.
Er hat eine Spitze.
Bricht sie ab,
brauchst du einen Spitzer.

spucken

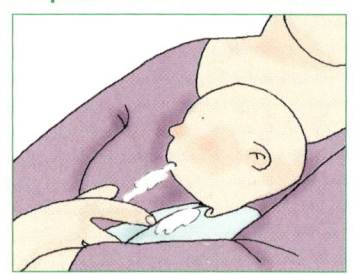

Mami, guck!
Felix spuckt.
Hat er denn kein
Bäuerchen gemacht?

stark

Stark ist der Elefant,
stärker ist der Löwe,
noch stärker ist das Trampeltier.
Glaubst du mir?

stechen

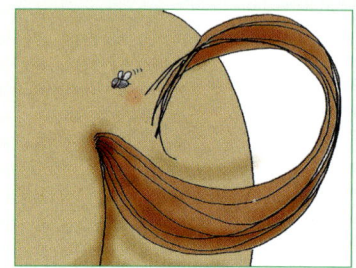

Fliege, warum stichst du mich?
Stechen ist nicht fein.
Lass es lieber sein.

staubsaugen

Papa hilft
sooft er kann.
Heute ist Papa
mit Staubsaugen dran.

der Stecker

Steck den Stecker in
die Steckdose rein
und schalte den
Staubsauger ein.

stehen

Sieh mal an, was ein Clown
alles kann: kopfüber stehen,
Handstand machen
und noch lachen.

der **Stein**

Da ist ein Stein –
und noch ein Stein.
Jetzt hüpfe ich auf einem Bein
von Stein zu Stein.

der **Stern**

Sonne, Mond und Sterne
geben uns ihr Licht.
Wo ist jetzt die Sonne?
Die Sonne seh ich nicht.

der **Sticker**

Im Karneval kleb ich mir
Sticker auf die Wange,
links einen Frosch und
rechts eine Schlange.

steuern

Philipp fährt schnell,
er steuert geradeaus,
er steuert in die Kurve
und fährt durchs ganze Haus.

die **Stiefel**

Die Stiefel sind zu eng.
Mir tun die Füße weh.
Wo zwickt es denn?
Vorn, am großen Zeh.

der **Stift**

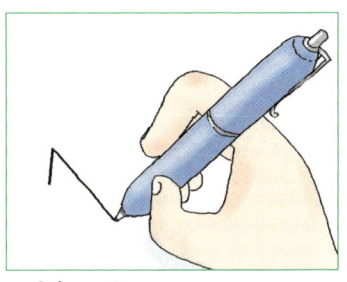

Schau mir zu:
Ich schreibe mit einem Stift.
Dies ist ein Tintenstift.
Womit schreibst du?

still

Das ist ein stiller Ort.
Kein Lärm, kein Zwang,
nur Bienengesumm
und Vogelgesang.

stören

Das Bett bebt. Anna wird wach.
Julchen strampelt und lacht.
Sei still, Julchen, nicht stören,
mach keinen Krach!

stoßen

Au, was war das?
Ein großer Stein.
Ein harter Stoß
und Blut am Bein.

stinken

Pfui Teufel, hier stinkt es
wie im Zoo.
Hast du gepupst oder
musst du aufs Klo?

der **Stock**

Rumrattabum-rumrattabum,
die Stöcke in der Hand,
die Trommel vor dem Bauch,
rumrattabum-rumrattabum.

strampeln

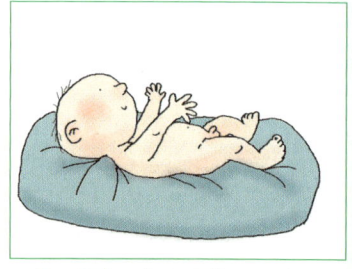

Das Baby strampelt
vor Vergnügen.
Es darf ohne Windel
auf dem Kissen liegen.

der **Strand**

Wir sind in Holland.
Ich spiele am Strand.
Ich habe eine Schippe
und buddle im Sand.

streicheln

Vier Hündchen im Körbchen,
schmusig und klein.
Du darfst sie streicheln,
aber vorsichtig sein!

streichen

Die Butter streiche
ich mir dick aufs Brot.
Das wird ein Doppeldecker.
Hmm, der ist lecker.

die **Straße**

Auf der Straße geht Herr Kraus.
Er führt seinen Pudel aus.

die **Straßenbahn**

Die Straßenbahn fährt
von hier nach dort.
Steig schnell ein,
sonst ist sie fort.

der **Streit**

Tom und Tim
kämpfen und zanken. Sie
haben Streit. Geht ihr Streit
vielleicht zu weit?

streuen

Was streust du da aus?
Streu Steinchen auf den Weg,
so finden wir wieder nach Haus.

die **Streusel**

Hmm, Schokoladenstreusel!
Das schmeckt mir,
das schmeckt dir,
das schmeckt allen gut.

der **Strumpf**

Läufst du barfuß?
Zieh lieber Strümpfe an
und Schuhe, die
mit den Bommeln dran.

der **Strohhalm**

Was fang ich mit dem Strohhalm an?
Saft und Cola schlürfen –
oder auf dem Rasen
Seifenkugeln blasen.

der **Stuhl**

Ein kleiner und ein großer Stuhl.
Auf dem kleinen sitzt Abdul.
Wer sitzt auf dem großen Stuhl?

suchen

Wo ist bloß mein Lieblingsbuch?
Ich suche und suche –
es ist verschwunden.
Hast du es vielleicht gefunden?

die **Suppe**

Heute gibt es Suppe
mit Tomaten und Reis.
Warte, erst pusten,
sie ist noch zu heiß.

die **Süßigkeiten**

Eine Tüte voll Süßigkeiten
darf es immer sein.
Da sag ich nie Nein.

die **Süßspeise**

Nein, Kohlsuppe esse ich nicht.
Weißt du, was ich gerne mag?
Süßspeise, Obst und Sahne –
das wünsche ich mir jeden Tag.

T t

die **Tablette**

Tu jeden Abend eine
Tablette in den Mund,
dann bist du nächste Woche
wieder gesund.

tanken

Frau Bansin tankt Benzin
und fährt nach Neuruppin.

die **Tante**

Heute übernachte ich
bei meiner Tante.
Das ist Mamis Schwester,
unsere Verwandte.

das **Taschentuch**

Hatschi, hatschi.
Du wirst doch nicht krank?
Hier ist ein Taschentuch.
Oh, vielen Dank.

die **Tasse**

Eine Tasse Kaffee,
eine Tasse Tee.
Was möchtest du,
Tee oder Kaffee?

tanzen

Brüderchen, komm tanz mit mir,
beide Hände reich ich dir.
Einmal hin, einmal her,
rundherum, das ist nicht schwer.

die **Tasche**

Was wird in dieser
Tasche sein?
Portemonnaie, Schlüssel
und Führerschein.

der **Tee**

Brrr, was für ein Wetter!
Mein Hals tut weh.
Ich brauche einen
Kräutertee.

die Teekanne

Hier ist die Teekanne.
Ich schenke dir ein.
Wie viel Zuckerstücke
dürfen es sein?

teilen

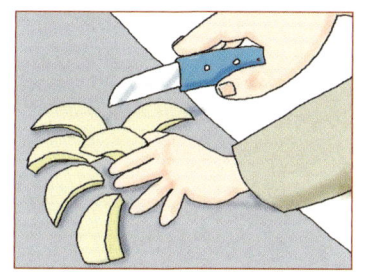

Opa schält einen Apfel und
teilt ihn in sechs Stücke.
Jeder bekommt seinen Teil:
du drei und ich drei.

das Telefon

Klingeling, das Telefon.
Hallo, Frau Piepenbohn,
ich kann Sie nicht verstehen,
bis bald. Auf Wiedersehen.

der Teich

Da, ein Reiher am Teich –
Frösche und Fische,
kriegt keinen Schreck –
schwimmt ganz schnell weg!

der Teppich

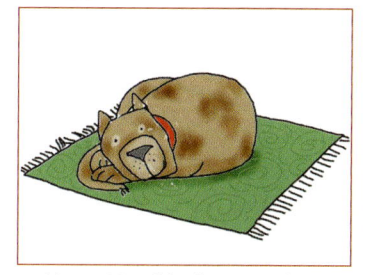

Unser Hund heißt Kunterbunt,
der Teppich ist sein Platz.
Keiner kann ihn da vertreiben,
nur die wilde Katz.

tief

Es war einmal ein Koch,
der fiel in ein tiefes Loch.
Dann kam ein Junge daher,
den sieht man auch nicht mehr.

das **Tier**

Was siehst du hier?
Ein großes Tier.
Wo lebt das Tier?
Beschreib es mir.

der **Tisch**

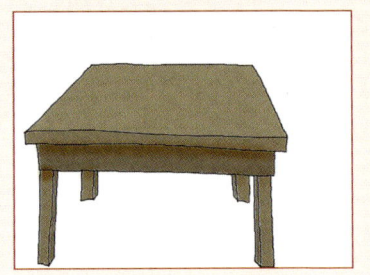

Vier Beine und eine Platte
hat der Tisch.
Ist er leicht?
Ich glaube nicht.

das **Tischtuch**

Mit Tischtuch, Servietten,
mit Blumen und Besteck
ist der Tisch immer
schön gedeckt.

Tisch decken

Tim deckt den Tisch. Er verteilt
Butter, Brot und Besteck,
vier Teller und vier Becher,
für jeden ein Gedeck.

die **Toilette**

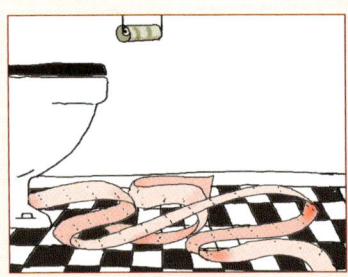

Ich bin auf der Toilette
und hab kein Papier.
Die Rolle ist leer.
Ich brauche mehr.

die **Tomate**

Tomaten, rot und rund,
sind lecker
und sehr gesund.

der **Ton**

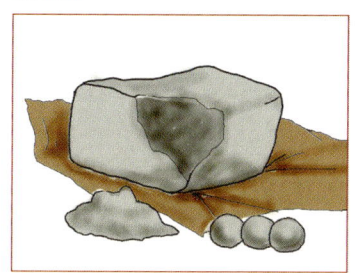

Mami töpfert,
sie arbeitet mit Ton.
Ich forme Kugeln,
das kann ich schon.

das **Töpfchen**

Aa machen, Pipi machen –
dafür ist das Töpfchen da.
Und das Klo? – Ach ja,
das kommt im nächsten Jahr.

die **Torte**

Ene mene morte –
wer backt Torte,
wer backt Kuchen?
Du musst suchen.

das **Tor**

Johann klopft an.
Macht auf das Tor!
Was will er denn,
der kleine Mann?

tot

Opas Kater ist tot.
Er lebt nicht mehr.
Da liegt er nun.
Er fehlt mir sehr.

tragen

Papa, trag mich,
ich kann nicht mehr.
Hopp, komm auf den Arm.
Oh, du bist ziemlich schwer!

der **Traktor**

Der Bauer fährt mit dem
Traktor über sein Land.
Im Anhänger hat er
eine Ladung Sand.

die **Träne**

Eben war Tobias
noch munter.
Jetzt rollt ihm eine Träne
die Wange herunter.

die **Treppe**

Tripp-tripp-trapp
die Treppe hinauf.
Tripp-tripp-trapp
die Treppe herab.

treten

Halt!
Macht Frieden, Kameraden,
nicht treten, nicht schlagen.

trinken

Klaus, trink aus!
Klaus trinkt das Glas leer.
Klaus trinkt noch viel mehr.
Applaus für Klaus.

trocken

Hier steht ein Hund.
Der Hund ist nass.
Er macht sich trocken.
Wie tut er das?

die **Trommel**

Eins und zwei und drei und bum,
ich geh mit meiner Trommel rum.
Rumbumbum, rumbumbum –
rum – bum – bum.

die **Trompete**

Ich blase die Trompete,
tärätätä,
du startest die Rakete,
füüüt-füüüt-füüüt.

das **T-Shirt**

Oh, was ist hier denn los:
ein T-Shirt zu klein,
das andere zu groß.

die **Truhe**

In der Truhe groß und schwer
liegen Kleider für Piraten,
Uniformen für Soldaten
und noch vieles mehr.

das **Tuch**

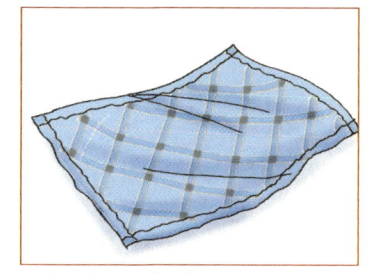

Ist da ein Fleck,
ein bisschen Dreck,
nimm ein Tuch
und wisch es weg.

die **Tür**

Da ist die Tür –
geh ich nun raus
oder bleib ich zu Haus?

der Turm

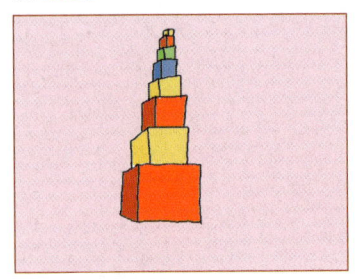

Hier ist ein Turm.
Gleich kommt ein Sturm
Dann fällt er um.
Rum-bum.

die Turmuhr

Die Turmuhr schlägt zwei.
Bim – bam.
Die Turmuhr schlägt drei.
Bim – bam – bum.

überqueren

Hoppla, will dieses Küken
die Straße überqueren?
Erst bleiben wir stehen,
dann werden wir gehen.

U u

die Uhr

Große Uhren machen tick-tack,
kleine Uhren machen ticke-tacke
und die ganz kleinen machen
ticke-tacke, ticke-tacke.

umdrehen

Was ist das? Ein Kopf
oder ein Blumentopf?
Ach, bist du dumm,
dreh das Bild mal um.

umfallen

Heidideldum, wir tanzen
um den Tisch herum.
Oje, die Tasse fällt um.
Heidideldum.

umwerfen

David baut einen Turm.
Dirk wirft ihn um.
Warum?

der Unfall

Krach-bumm! Ein Unfall.
Hast du das gesehen?
Zwei Autos kaputt.
Wie konnte das geschehen?

die Unordnung

Oh, diese Unordnung.
Alles liegt herum.
Geh sorgfältig
mit den Sachen um!

unten

Unten im Schrank,
hinten in der Ecke
sitzt eine Spinne.
Oder ist es eine Zecke?

unter

Die Sonne schien ihm
aufs Gehirn,
drum liegt er
unter einem Schirm.

die **Unterhose**

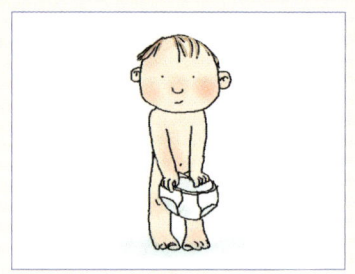

Kleiner Nackedei,
was ist denn das?
Ach, deine Unterhose
ist ja ganz nass.

die **Vase**

Eine Vase mit Wassser
und Blumen darin
schenken wir
unserer Lehrerin.

der **Vater**

Ich heiße Fabian,
mein Bruder heißt Julian,
Papa ist unser Vater.
Er heißt Sebastian.

die **Untertasse**

Es ist ein Teller,
er steht unter der Tasse.
Darum heißt er
Untertasse.

der **Verkehr**

Auf Plätzen und Straßen
herrscht starker Verkehr.
In der Nacht ist es dort
beinahe leer.

V v

verkleiden

Wir spielen Verkleiden.
Ich nehme Mamas
Hut und Schuh.
Und was nimmst du?

verrückt

Warum streckst du
die Zunge raus?
Bist du ein bisschen verrückt?
Nein, mach dir nichts draus.

der **Verschluss**

Verschlüsse gibt es viele –
rote, blaue und grüne.
Welcher kommt auf
diese Flasche drauf?

verstecken

Wo soll ich mich verstecken,
in den Ecken, unter Decken?
Du darfst rufen
und musst suchen.

versuchen

Hurra! Ich stehe allein
auf einem Bein.
Kannst du das auch?
Ich will es versuchen.

das **Video**

Wenn Papa Video und DVD
nicht bedienen kann,
stell ich sie an.

der Vogel

Wer fliegt und hüpft
von Ast zu Ästchen,
fängt Mücken und Fliegen
und baut sich ein Nestchen?

voll

Das Näpfchen ist voll.
Der Kater will nichts essen.
Er hat frisches Fleisch
beim Nachbarn gefressen.

vorlesen

Kennst du mein Lieblingsbuch,
Von Apfelsaft bis Zahnpasta?
Hier siehst du ein Ohr.
Was steht da? Liest du mir vor?

vorn

Meine Mama ist fit.
Wir radeln zu dritt.
Vorn sitzt der Friedrich,
hinten sitz ich.

Vorsicht

Vorsicht! Bleib stehen.
Da kommt ein Fahrrad. –
So, jetzt können wir gehen.

W w

wach

Hallo, Äffchen,
schläfst du noch
oder bist du schon wach?

wachsen

Erst ein Samenkorn –
du siehst es kaum –,
dann wächst daraus
ein großer Baum.

die Wange

Hab keine Angst,
sei nicht bange,
du bekommst einen Kuss
auf jede Wange.

der Wald

Was sehen wir im Wald?
Bäume, Blumen und Beeren,
Tiere, Pilze und Moos.
Gehen wir in den Wald? Bald.

warm

Puh, es ist zu warm.
Moritz schwitzt,
er ist erhitzt.

warten

Mama ruft, ich soll warten.
Am liebsten wär ich
schon draußen im Garten.

waschen

Denk daran, nicht vergessen:
Hände waschen
nach dem Pipimachen
und vor dem Essen.

die **Waschmaschine**

Mach einen Fleck,
fall in den Dreck,
das ist nicht schlimm.
Stopf es in die Waschmaschine.

der **Waschlappen**

Waschen kann ich mich allein.
Ich nehme einen Waschlappen
und seife mich ein.

das **Wasser**

Brauchst du Wasser?
Öffne den Hahn.
Wasser läuft raus,
kalt oder warm.

der **Wasserhahn**

Welcher Dummerjan
hat den Wasserhahn
nicht zugemacht?

weg

Ene mene miste,
es rappelt in der Kiste,
ene mene meck,
und du bist weg.

wegfahren

Wir fahren weg.
Da steht der Bus.
Winke, winke – gib mir
noch schnell einen Kuss.

weglaufen

Hat sich das Kätzchen verlaufen?
Nein, es ist einfach weggelaufen.
Und Mama schreit miau – miau.

wegnehmen

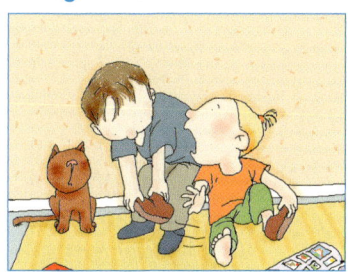

Lass mich in Ruh.
Das ist mein Schuh.
Du darfst mir nichts
wegnehmen.

wegwerfen

Was du nicht mehr haben willst,
das wirf nicht weg.
Vielleicht dient es noch
einem anderen Zweck.

wehen

Wenn der Westwind weht, die
Blätter von den Bäumen fegt,
wenn die Äste sich verneigen,
dann lassen wir die Drachen steigen.

wehtun

Hast du dir wehgetan?
Oje, oje, ich sehe Blut.
Schnell ein Pflaster drauf, morgen
ist alles wieder gut.

die Weide

Kühe grasen auf der Weide,
käuen wieder alle beide,
eine brüllt und hebt den Schwanz
und klack-klack entleert sich ganz.

der Weihnachtsbaum

An unserem Weihnachtsbaum
brennen Kerzen,
hängen Engel, Kugeln, Äpfel,
Nüsse und Zuckerherzen.

der Weihnachtsmann

Da kommt der Weihnachtsmann.
Er bringt viele schöne Sachen,
die den Kindern und uns allen
große Freude machen.

Weihnachten

Weihnachten – alle Jahre wieder
bringt ihr Kinder uns das Licht,
sprecht Gedichte und singt Lieder,
alle Jahre wieder.

weinen

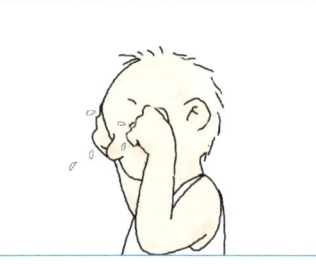

Oje, der Junge weint,
Kummer hat der kleine Wicht.
Dicke Tränen kullern
über sein Gesicht.

weiß

Was ist weiß?
Milch, Wolken,
Schnee und Eis.
Und was noch?

weit

Da, weit oben fliegt ein Vogel,
fliegt hoch in den Himmel hinein.
Bald wird er nicht mehr
zu sehen sein.

werfen

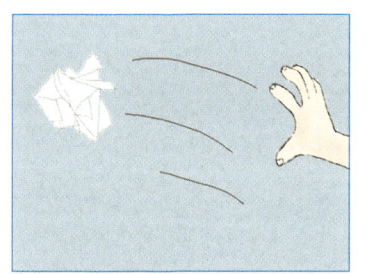

Ärgerst du dich
über dein Geschmier?
Dann zerknüll das Papier
und wirf es einfach weg.

die **Wiege**

Eia popeia, mein Kind schlaf ein,
schlaf in deiner Wiege fein.
Eia, popeia Sausewind –
schlaf nun ein, mein süßes Kind.

die **Wespe**

Pass auf,
rühr dich nicht!
Die Wespe sticht.

der **Wind**

Der Wind rüttelt und schüttelt
die Blätter von den Bäumen,
er kommt nicht zur Ruh.
Knöpf lieber den Mantel zu.

die **Windel**

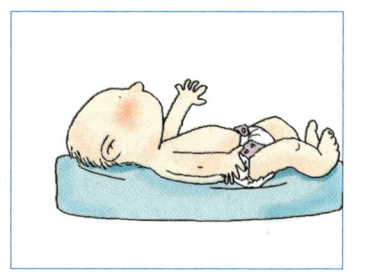

Eine frische Windel –
Baby, halt still!
Baby hampelt und strampelt,
es macht, was es will.

winken

Winke, winke,
ich lass mein Fähnchen wehen.
Tschüss, jetzt muss ich gehen.
Bis bald, auf Wiedersehen.

der **Winter**

Der Winter geht zu Ende,
die Kälte ist vorbei.
Bald kommt die große Wende,
dann zieht der Frühling ein.

wohnen

Der Fuchs ist schlau.
Er wohnt tief in der Erde,
er gräbt sich einen Bau.

die **Wippe**

Spring mit auf die Wippe!
Wir hüpfen und wir wippen
hoch und runter, auf und ab
wippen, wippen, wippen.

der **Wohnwagen**

Was kostet die Welt?
Wir haben einen Wohnwagen
und ein Zelt und bleiben,
wo es uns gefällt.

der **Wolf**

Der Wolf hat scharfe Zähne.
Er ist ein wildes Tier.
Du brauchst dich nicht zu fürchte
Er lebt weit weg von hier.

die **Wolke**

Siehst du die Wolken
am Himmel schweben?
Bleibt das schöne Wetter
oder bringen sie Regen?

die **Wurst**

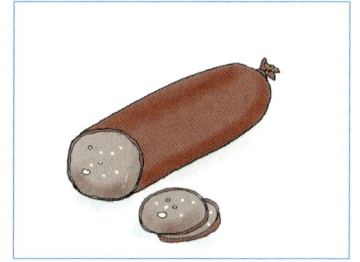

Alles hat ein Ende,
nur die Wurst hat zwei.

das **Xylofon**

Du singst
Alle meine Entchen…
Ich spiele Xylofon.
Das kann ich schon.

X x   Y y   Z z

der **Zahn**

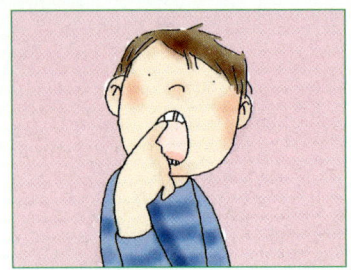

Meine Zähne sind
scharf und weiß.
Soll ich dir zeigen,
wie ich beiß?

die **Zahnbürste**

Meine Zahnbürste ist neu.
Ich putze morgens und abends
und – nicht vergessen –
immer nach dem Essen.

die **Zahnpasta**

Meine Zähne putze ich allein,
aber es muss Zahnpasta
für Kinder sein.

der **Zahnarzt**

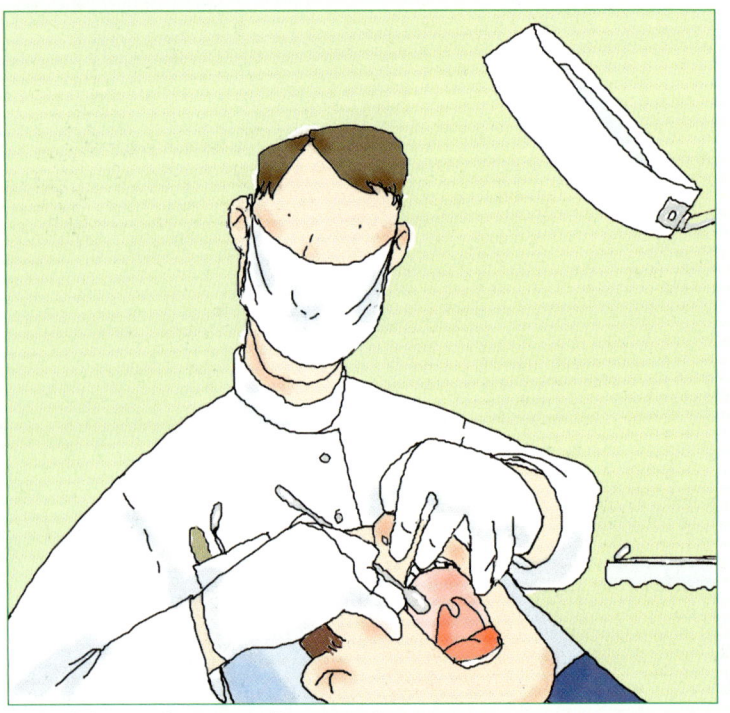

Sind deine Zähne gesund?
Der Zahnarzt guckt dir in den Mund.
Setz dich auf den Stuhl
und bleib ganz cool.

der **Zeh**

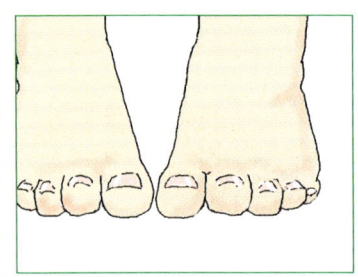

Du hast zehn Zehen,
fünf an jedem Fuß.
Kannst du sie zählen?
Eins, zwei, drei …

zeichnen

Max hat einen Stift.
Er zeichnet
einen Eisbären
und ein Schiff.

die **Zeichnung**

Schau dir die Spinne
auf der Zeichnung an.
Siehst du, was sie
machen kann?

zeigen

Ich zeige mit dem Finger
auf ein Tier.
Wie heißt es,
sagst du es mir?

das **Zelt**

Da ist ein freies Feld, unser Zelt
ist ruck-zuck aufgestellt.
Hier bleiben wir,
hier ist es schön.

die **Zeitung**

Gemeinsam Zeitung lesen –
das geht gut.
Opa liest und
ich falte einen Hut.

zerbrechen

Paul, pass auf
und stolpre nicht!
Paul passt nicht auf,
die Tasse zerbricht.

zerreißen

Ich zerreiße ein Stück Papier.
Erst hatte ich zwei,
jetzt habe ich vier.

die **Ziege**

Ziege, Ziege, meck-meck-meck,
lauf nicht von der Wiese weg.

ziehen

Jan zieht die Karre
durch den tiefen Sand.
Er ist müde,
der Tag war lang.

das **Zimmer**

Was ist in meinem Zimmer?
Ein Bett, ein Stuhl, ein Schrank,
zwei Bilder und ein Bär
und noch viel mehr.

der **Zirkus**

Hurra! Der Zirkus ist da.
Das Zelt ist schon aufgestellt.
Die Vorstellung beginnt um drei.
Wir gehen hin, wir sind dabei.

der **Zoo**

Welche Tiere seh ich im Zoo?
Raubtiere, Rüsseltiere,
Stinktiere, Trampeltiere und
vielleicht ein Schnuffeltier.

der **Zopf**

Hast du Celias
Zöpfchen gesehen?
Sie hat nicht zwei,
nein, sie hat zehn.

zu

Das Fenster steht offen,
die Tür ist zu.
Steige ich durchs Fenster?
Was meinst du?

der **Zucker**

Es ist weiß und fein,
süß und lecker,
du siehst es beim Bäcker.
Was kann das sein?

das **Zuhause**

Mein Zuhause ist da,
wo wir zusammen sind, da
wo meine Spielsachen sind
und alle meine Tiere.

der **Zug**

Alle einsteigen,
Türen schließen.
Der Zug fährt ab.

zumachen

Viele Anziehsachen
haben Reißverschlüsse.
Ich kann sie aufmachen,
aber nicht zumachen.

die **Zunge**

Junge, Junge,
hast du eine
lange Zunge.

zusammen

Die Kinder spielen zusammen,
sie sind nicht allein.
Heute spielen sie Doktor
und behandeln Teddys Bein.

zwei

Wie viel Ohren hast du? Zwei.
Wie viel Augen hast du? Zwei.
Wie viel Nasen hast du?

der **Zwerg**

Guten Tag, Zwerg Zipfelmütz.
Darf ich fragen,
an welchen Tagen
ich dich besuchen darf?

der **Zweig**

Zweige wachsen
an einem Baum.
Ihre Blätter sind grün,
das Holz ist braun.

die **Zwillinge**

Wir sind Zwillinge.
Wir sind gleich alt,
gleich lieb und gleich frech
und von gleicher Gestalt.

zwischen

Zwischen ist
nicht oben, nicht unten,
nicht rechts und nicht links,
zwischen ist immer mittendrin.

1000-Wörter-Verzeichnis in alphabetischer Reihenfolge

Die Stichwörter (die im Buch zu einem Bild und Vers gehören) sind schwarz gedruckt.
Die rot gedruckten Wörter sind keine Stichwörter. Sie verweisen auf einen Vers, in dem sie vorkommen.

A a

Aa machen
ab
ABC – CD
abfahren
abwaschen
abwischen
Affe
alle – Zug
allein
alles – Ding
alt
anders – Mädchen
andersherum
Angst
anmalen
anrufen
ansehen – gut
anziehen
Anzug – Pinguin
Apfel
Apfelbaum
Apfelsaft
Apfelsine
Arbeit
arbeiten
ärgern
Arm
Armband
Arzt
auf
auf Wiedersehen
aufessen
aufhängen
aufheben
aufmachen –
 zumachen
aufmerksam –
 lauschen
aufpassen
aufräumen
aufsetzen
aufstehen
Auge
aus – lesen
ausmachen
auspacken
ausrutschen
ausschneiden
aussehen
austeilen
austrinken
ausziehen
Auto

B b

Baby
Bäcker
Backofen
Badeanzug
Badehose
Badewanne
Badezimmer
Bahnsteig –
 abfahren
bald – winken
Ball
Ball spielen
Banane
bange – Klettergerüst
Bär
Bart
Barthaare – Kopf
Bauch
Bauchweh
bauen
Bauer
Bauernhof
Bauklotz
Baum
Baustelle – Kran
Becher
bedienen – Video
behalten
beide – tanzen
Bein
beinahe – Verkehr
beißen
bekommen – Wange
bellen
Benzin – Auto
Berg
Besen
besser – Birne
Besteck – Tischtuch
Besuch
Bett
Biene
Bild
Birne
bitte – kitzeln
Blase – Cola
Blatt (Baum)
Blatt (Papier)
blau
Blech – Backofen
bleiben – Tür
blöd
blöken – quaken
Blume
Blumentopf –
 umdrehen
Blut
Boden
Bonbon
Bonbonpapier –
 Papierkorb
böse
braten – kochen
brauchen – Wasser
braun
Brei
brennen
Brief
Brille
bringen – aufräumen
Brot
Brötchen
Bruder
brüllen – Weide
Brust – Durst
brüten – in
Buch
Buchstabe
Bügeleisen
Buggy
bunt – kleben
Burg
Bürgersteig
Bus
Butter
Butterbrot

C c

CD
Cent
Chips
Chor – Lehrerin
Clown
Cola
Computer

D d

da – umfallen
Dach
Dachboden
damals – Hut
Dampfer
daneben
Dank – Taschentuch
dann – Bonbon
das – Apfelsine
Daumen
Decke
Deckel
dick
diese – Verschluss
Ding
Dose
draußen
Dreck – Besen
drehen
Dreirad
drinnen
drollig – Kätzchen
drücken (Knopf)
drücken (WC)
du – verkleiden
dunkel
dürfen – wegnehmen
Durst
Dusche
duschen

E e

echt – Puppe
Ecke
Ei
Eichhörnchen
Eimer
einkaufen
Einkaufswagen
einmal – klapp
einschenken –
 Teekanne
Eis
ekelhaft
Elefant
eng
Engel –
 Weihnachtsbaum
entdecken – Berg
Ente
entscheiden (sich)
Erdbeere
Erdnuss
erkältet
erschrecken
erst – wegfahren
es – sehen
essen
Eule
Euro – Cent

F f

Faden
fahren
Fahrstuhl
fallen
falsch
falten
fangen
Farbe
Fass – Elefant
Fäustlinge
Feder
fegen
fein – Zucker
Fenster
Ferien
Ferienhaus
Ferne – hoch
fernsehen
Fernseher
fertig
Fest
festhalten
festlich – Kerze
Feuer
Feuerwehr
Fieber – krank
Film
Finger
Fisch
flach
Flagge
Flasche
Fleck – Tuch
Fleisch
fleißig – Mauer
Fliege
fliegen
Flügel
Flugzeug
Flur
Foto
fragen – blöd
Frau
frei – Rutsche
fressen
Freude –
 Weihnachtsmann
Freund
frisch – Keksdose
Frisör
frittieren
fröhlich
Frosch
Frucht
früher – Mann
Frühling – Winter
fühlen
Fühler – kriechen
funkeln – hoch
Funken – Ofen
fürchten – dunkel
Fuß
Fußball
Fußballspiel
Fußboden
Fußballfan – Onkel
Fußtritt
füttern

G g

Gabel
Gardine
Garten
Gartentor
geben
Geburtstag
Gedicht – Klasse
gefährlich
gefleckt – braun
geheim – Klebstoff
gehen
gehören – Untertasse
gelb
Geld
gemein
genug – neu
gerade – Rücken
Geschäft
geschehen – Unfall
Geschenk
Geschichte
Geschrei – in
Gesicht
gestern – Auto
gesund – Apfelbaum
Gewehr
Gießkanne
Giraffe
Girlande
Glas
glauben – Tisch
glatt – Kopf
gleich
gleichen (sich)
glühen – Ofen
golden – Ring
Graben – Burg
Gras
grau – Elefant
Grille – quaken
groß
grün
gruselig
gucken
Gummiband
Gurke
Gürtel
gut
gute Nacht

137

H h

Haar
Haarspange
haben – Brief
Hahn
Hai – kritzeln
Haken
Hals
Halsschmerzen
halten – Polizeiauto
hampeln – Becher
Hand
Handschuh
Handstand
Handtuch
Handwerker – Mauer
Handy
hängen
hart
Hase – Lamm
Häufchen
Haus
Hausschuh
heiß
heißen – Vater
helfen – Haken
Hemd
Herr
heute – Auto
Hilfe – ausrutschen
Himmel
hinter
Hintern
hinunter
Hirsch
hoch
Hof – Junge
hoffen – Päckchen
holen
hopp
Hose
Hubschrauber
Huhn
Hund
Hundehütte
Hunger
husten
Hut

I i

ich
Idee
Igel
immer
in
Instrument – komisch

J j

Jacke
jagen – Boden
Jahr
jaulen – quaken
jetzt – Besen
Joghurt
Junge

K k

Kaffee
kalt
Kamm
kämmen
kämpfen – ringen
Kaninchen
kaputt
Karre – ziehen
Karte
Kartoffel
Karussell
Käse
Kasperletheater
Kater – liegen
Kätzchen
Katze
kaufen – einkaufen
kaum – wachsen
kein – still
Keksdose
kennen – CD
Kern – Brot
Kerze
Kette
Kind
Kindergarten
Kindergärtnerin
Kinderwagen
Kipplader
Kissen
kitzeln
klapp
Klasse
klatschen
klauen
kleben
Klebstoff
kleckern
Kleider
Kleiderständer
klein
Klettergerüst
klettern
klicken – Computer
Klingel
klopfen
knabbern –
 Eichhörnchen
kneifen
kneten
Knie
Knopf (Fernseher)
Knopf (Hemd)
kochen
Kochtopf
Koffer
komisch
kommen – Turm
König
können – versuchen
Kopf
Korb
kostbar – König
kosten –
 Wohnwagen
krächzen – Papagei
kräftig – Lehrerin
Kran
krank
Krankenhaus
Krankenwagen
Kräutertee –
 Bauchweh
Kreide
Kreis
kriechen
kriegen
kritzeln
Krokodil
Krone – König
Küche
Kuchen
kuckuck
Kugel – Ton
Kuh
Kühlschrank
Küken
Kummer – weinen
kurz – Hose
Kuscheltier
Kuss

L l

lachen
laden – Müllabfuhr
Ladung – Kipplader
Lakritz
Lamm
Lampe
Land – Armband
lang
lassen – anziehen
Lastwagen
Lätzchen
laufen
lauschen
laut – Karte
leben – tot
lecken
lecker
leer
Lehrerin
leider – anrufen
leihen – Gürtel
leise
Lenkrad
lesen
Leute – Hut
Licht
lieb
Lieblingsbuch –
 Besuch
Lied
liegen
lila
Limonade
links – Bürgersteig
Lippe
Loch
Löffel
Lolly
los – groß
Löwe
Luft – pusten
Luftballon
lustig – Opa

M m

machen
Mädchen
Magen – Pudding
malen
Malkasten
Malstift
Mama
Mandarine
Mann
Mantel
Matsch – Pfütze
Mauer
Maus
Meer
Meerschweinchen
Mehl – kochen
mehr – Truhe
mein – Tee
Menge – Kuscheltier
Mensch
Messer
Metzger
Milch
mitnehmen
Mitte
möchten – Tasse
mögen
Möhre
Mond
morgen – drinnen
morgens – Korb
Motorrad
Mücke – Vogel
müde
Müll
Müllabfuhr
Mund
Murmel
Muschel
Musik
müssen – Erdbeere
Mutter
Mütze

N n

Nabel
Nacht
Nackedei – Unterhose
nackt
Nadel – Faden
Nagel
Napf
Nase
Nase putzen
nass
neben
nehmen – lecker
nein – Zopf
Nest – in
neu
nicht – zerbrechen
Nikolaus
Nil – Krokodil
noch – Zimmer
Not – Bäcker
Nudeln – Hunger
Nugatcreme
Nuss

O o

oben
Obst
Ofen
offen
öffnen
ohne – Hut
Ohr
Ohrfeige
Ohrringe –
 Haarspange
Oma
Onkel
Opa

P p

Päckchen
Papa
Papagei
Papier
Papierkorb
Parkhaus
passen
Perle
Pfanne – Pfannkuchen
Pfannkuchen
Pflaster
pflanzen – Kartoffeln
pflücken – Blume
Pfütze
picken – Gabel
piep – Maus
piksen
Pilz
Pimmel
Pinguin
pinkeln
Pinsel
Pipi machen
Pirat – Truhe
Pistole
Pizza
planschen – Meer
plappern – Papagei
Platz
Plätzchen
plumps
Polizeiauto
Polizist – Polizeiauto
Pommes frites
Portemonnaie
Postbote – Karte
Prinzessin
prusten – husten
Pudding
Pudelmütze
Pullover
Puppe
Puppenecke – Ecke
Puppenhaus
Puppenwagen
pusten
putzen
Puzzle

Q q

quaken
Quark
Quatsch

R r

Rad
Rad fahren
Radio
rasen – Rennauto
Räuber
Raupe
rechts – Bürgersteig
Regen
Regenschirm
regnen
reichen – tanzen
reif – Apfel
Reihe
Reis – Fleisch
Reißverschluss –
 zumachen
reiten – Nikolaus
Rennauto
rennen
Rennfahrer – Lenkrad
riechen
Riese
Ring

ringen
Ritter – Burg
Röckchen
rollen
Roller
rosa
Rosine
rot
Rücken
Rucksack
rückwärts
rudern
rufen – warten
rühren
rund
Runde – Rennauto
Rüssel – Elefant
Rutsche

S s

Sachen
Sack – kochen
saftig – Erdbeere
Säge
Salat
Sand
Sandkasten
Sandmann – ausziehen
sauber
sauber machen
Schachtel
Schaf
Schal
Schale – Ei
scharf
Schatz – aufräumen
Schatzkiste – offen
schauen – gelb
Schaufel
schaufeln – Berg
Schaukel
schenken – Vase
Schere
schicken – Handschuh
schieben
Schienen
schießen
Schiff
Schildkröte
Schlafanzug
schlafen
Schlafzimmer
schlagen
Schlamm
Schlange
schlecken – lecken
Schleife
Schlitten
Schluck
schlucken
schlüpfen – Küken
Schlüssel

schmecken
schmeißen – Kleiderständer
Schmerzen – krank
Schmetterling
schmieren – Butterbrot
schmutzig
Schnabel
Schnauze
Schnecke
Schnee
Schneeball
Schneemann
schneiden
schneien
schnell – Hausschuh
Schnuller
Schnürsenkel
Schokolade
schön
Schornstein – Dampfer
Schoß
schräg – Dach
Schrank
schrecklich – Lärm
schreiben
schreien
Schritt
Schuh
Schule
Schuppen
Schwamm
Schwan
Schwanz
schwarz – Malkasten
schweben – Wolke
Schwein – Schlamm
schwer – Truhe
Schwester
Schwimmbad
schwimmen
schwitzen – warm
segeln
sehen
sehr – tot
Seife
Seil
sein – weit
selbst
Siebensachen – neu
singen
sitzen
Socke
Sofa
sollen – essen
Sommer – Hose
Sonne
Sonnenbrille
Spaghetti
Spaß
später – Lenkrad

Speck – beißen
Spiegel
Spiel
spielen
Spielplatz
Spielzeug
Spinne
Spitze
spreizen – Pfau
springen
Spritze
spritzen
spucken
Stange – auf
stark
staubsaugen
stechen
Stecker
stehen
Stein
Stern
Sticker
Stiefel
Stift
still
stinken
Stock
stören
stoßen
strampeln
Strand
Straße
Straßenbahn
Straßenrand – Kipplader
streicheln
streichen
Streit
streuen
Streusel
stricken – Handschuh
Strohhalm
Strumpf
Stück – zerreißen
Stuhl
Stunde – Rennauto
Sturm – Turm
stürmen – Onkel
suchen
Suppe
Süßigkeiten
Süßspeise

T t

Tablette
Tag – Nacht
tanken
Tante
tanzen
Tasche
Taschentuch

Tasse
Tee
Teekanne
Teich
teilen
Telefon
Teller – essen
Teppich
Thron – König
tief
Tier
Tisch
Tisch decken
Tischtuch
Toilette
Tomate
Ton
Töpfchen
Tor
Torte
tot
tragen
Traktor
Träne
traurig – passen
Treppe
treten
trinken
trocken
Trommel
Trompete
trösten – Kindergarten
Truhe
tschüss – winken
T-Shirt
Tuch
Tür
Turm
Turmuhr

U u

üben – pfeifen
überqueren
überraschen – abwischen
Uhr
umdrehen
umfallen
umwerfen
Unfall
Unordnung
unten
unter
Unterhose
unterscheiden – (sich) gleichen
Untertasse

V v

Vase
Vater

Verband – Krankenhaus
Verkehr
verkleiden
verrückt
Verschluss
verstecken
verstehen – Telefon
versuchen
vertragen – Pudding
Verwandte – Tante
Video
Vieh – Computer
viel – Krokodil
vielleicht – wegwerfen
Vogel
voll
vorlesen
vorn
vornehm – Pinguin
Vorsicht

W w

wach
wachsen
Wald
Waldrand – Hirsch
Wange
warm
warten
warum – Ohrfeige
waschen
Waschlappen
Waschmaschine
Wasser
Wasserhahn
weg
wegfahren
weglaufen
wegnehmen
wegwerfen
wehen
wehtun
weich – Kuscheltier
Weide
Weihnachten
Weihnachtsbaum
Weihnachtsmann
weinen
weiß
weit
werden – überqueren
werfen
Wespe
Wetter – Wolke
wieder – Weihnachten
Wiege
Wiese – Lamm
wie viel – zwei
Wimpel – Dampfer
Wind
Windel
winken

Winter
Wippe
wir – Vase
Witz – Lakritz
wohnen
Wohnwagen
Wolf
Wolke
wollen – voll
Wurst

X x

Xylofon

Z z

Zahn
Zahnarzt
Zahnbürste
Zahnpasta
Zeh
zeichnen
Zeichnung
zeigen
Zeit – Arbeit
Zeitung
Zelt
zerbrechen
zerplatzen – pusten
zerreißen
Ziege
ziehen
zielen – daneben
Zimmer
Zirkus
zischen – Kaffee
Zoo
Zopf
zu
Zucker
zuerst – gehen
Zug
Zuhause
zumachen
Zunge
zusammen
zwei
Zweig
Zwerg
Zwillinge
zwischen

Stichwortverzeichnis nach Themen

Themen in alphabetischer Reihenfolge. Einige Themen sind unterteilt.
Stichwörter können bei mehreren Themen vorkommen.

Basteln

(siehe auch: Schule, Spielen)
- anmalen
- ausschneiden
- falten
- kleben
- Klebstoff
- kneten
- Nagel
- Perle
- Säge
- Schere
- schneiden
- Ton
- zeichnen
- Zeichnung

Bauernhof

Allgemein
- Bauer
- Bauernhof
- Ei
- Hund
- Hundehütte
- Kartoffel
- Schlamm
- Traktor
- Weide

Tiere auf dem Bauernhof
- Ente
- Hahn
- Huhn
- Hund
- Kuh
- Küken
- Lamm
- Pferd
- Schaf
- Ziege

Beschaffenheit/ Eigenschaft
- allein
- alt
- blöd
- dick
- dunkel
- fertig
- gemein
- groß
- gut
- hart
- heiß
- hoch
- kaputt
- klein
- leer
- nackt
- nass
- neu
- offen
- rund
- scharf
- schmutzig
- schön
- stark
- still
- tief
- tot
- voll
- wach
- weg
- zu
- zusammen

Bewegung
- abfahren
- aufhängen
- aufheben
- aufsetzen
- ausmachen
- auspacken
- ausrutschen
- Auto
- Bus
- drücken
- fahren
- Fahrstuhl
- fallen
- fliegen
- Flugzeug
- Fußtritt
- gehen
- holen
- hopp
- Hubschrauber
- klatschen
- klopfen
- kneifen
- kriechen
- laufen
- Motorrad
- öffnen
- plumps
- Rad
- Rad fahren
- Rennauto
- rennen
- rollen
- Roller
- rückwärts
- rudern
- schieben
- Schienen
- Schiff
- Schritt
- segeln
- springen
- stechen
- steuern
- stoßen
- strampeln
- Straßenbahn
- streicheln
- streuen
- suchen
- tragen
- treten
- umdrehen
- umfallen
- umwerfen
- Verkehr
- wegfahren
- werfen
- winken
- zeigen
- zerreißen
- ziehen
- Zug

Einkaufen

(siehe auch: Essen)
- Cent
- einkaufen
- Einkaufswagen
- Geld
- Geschäft

Essen

(siehe auch: Trinken)
Allgemein
- aufessen
- austeilen
- beißen
- Brei
- Chips
- Ei
- Erdnuss
- essen
- frittieren
- Gurke
- heiß
- Hunger
- Joghurt
- Käse
- kleckern
- kochen
- lecken
- lecker
- Nuss
- Quark
- Rosine
- rühren
- Salat
- schmecken
- teilen
- Tisch decken
- Tomate

Essgeschirr/Essbesteck
- Deckel
- Dose
- Flasche
- Gabel
- Löffel
- Messer
- Tasse
- Teekanne
- Tischtuch
- Untertasse
- Verschluss
- zerbrechen

Frühstück/Abendbrot
- Brot
- Brötchen
- Butter
- Butterbrot
- Kaffee
- Nugatcreme
- Streusel

Obst
- Apfel
- Apfelsine
- Banane
- Birne
- Erdbeere
- Frucht
- Mandarine
- Obst

Süßes
- Bonbon
- Eis
- Kuchen
- Lakritz
- Lolly
- Nugatcreme
- Plätzchen
- Pudding
- Schokolade
- Streusel
- Süßigkeiten
- Süßspeise
- Torte
- Zucker

Warme Mahlzeit
- Fleisch
- Kartoffel
- Pfannkuchen
- Pizza
- Pommes frites
- Spaghetti
- Suppe
- Wurst

Farben
- blau
- braun
- Farbe
- gelb
- grün
- lila
- rosa
- rot
- weiß

Ferien

(siehe auch: Jahreszeiten, Spielen, Transport, Verreisen)
Allgemein
- Berg
- Eimer
- Ferien
- Ferienhaus
- Foto
- Koffer
- Meer
- Muschel
- Rucksack
- Sand
- Schaufel
- Schwimmbad
- schwimmen
- segeln
- Spielzeug
- Strand
- Zelt

Transportmittel
- Wohnwagen

Feste

Allgemein
- Fest
- Flagge
- geben
- Geburtstag
- Geschenk
- Girlande
- Karussell
- Kerze
- kriegen
- Päckchen
- Papier
- Torte

Nikolaus
- auspacken
- Nikolaus

Weihnachten
- Weihnachten
- Weihnachtsbaum
- Weihnachtsmann

Garten

(siehe auch: Bauernhof, Tiere)
- Apfel
- Apfelbaum
- Baum
- Birne
- Blatt
- Blume
- Garten
- Gartentor
- Gießkanne
- Gras
- Kartoffel
- Möhre
- Pflanze
- Salat
- Schnecke

Schuppen
spritzen
Teich
wachsen

Gefühle/Sinne

allein
Angst
ärgern
ekelhaft
entscheiden
erschrecken
Freund
fröhlich
fühlen
gemein
gleich
gleichen
gruselig
gucken
Hunger
kitzeln
komisch
Kuss
lachen
mögen
müde
riechen
sehen
Spaß
stören
streicheln
Streit
Träne
verrückt
versuchen
weinen

Haus

(siehe auch: Essen, Garten, Saubermachen)
Allgemein
Badezimmer
Boden
Dach
Dachboden
draußen
drinnen
Ecke
Fenster
Flur
Fußboden
Gardine
Haken
Haus
Klingel

Lampe
Licht
Mauer
Müll
Müllabfuhr
Ofen
Papierkorb
Platz
Schlüssel
Schuppen
Stecker
Stuhl
Telefon
Tisch
Treppe
Truhe
Tür
Uhr
wohnen
Zimmer
Zuhause
Badezimmer/Toilette
Badewanne
Dusche
Handtuch
Kamm
Seife
Spiegel
Toilette
Wasser
Wasserhahn
Zahnbürste
Zahnpasta
Küche
Backofen
Bügeleisen
frittieren
Keksdose
Kochtopf
Küche
Kühlschrank
Teekanne
Schlafzimmer
Bett
Decke
Schlafzimmer
Schnuller
Wiege
Wohnzimmer
fernsehen
Fernseher
Film
Kissen
Radio
Schrank
Sofa
Teppich
Vase
Video
Zeitung

Jahreszeiten

(siehe auch: Ferien, Garten, Wald, Wetter)
Allgemein
Jahr
immer
Frühling
Gras
grün
Küken
Lamm
Weide
Herbst
Baum
Blatt (Baum)
Pfütze
Pilz
Regen
Regenschirm
Spinne
Stiefel
Wind
Sommer
Badeanzug
Blumen
Erdbeeren
Ferien
Schwimmbad
schwimmen
warm
Wespe
Winter
dunkel
Eis
Handschuh
kalt
Ofen
Pudelmütze
Schlitten
Schnee
Schneeball
Schneemann
schneien
Weihnachten
Winter

Kleidung

Allgemein
anziehen
aufsetzen
ausziehen
eng
Faden
Kleider
Kleiderständer
Loch
passen
verkleiden

Haar
Bart
Schleife
Zopf
Kleidungsstücke
Badeanzug
Badehose
Fäustlinge
Handschuh
Hemd
Hose
Hut
Jacke
Mantel
Mütze
Pudelmütze
Pullover
Röckchen
Schal
Schlafanzug
Socke
Strumpf
T-Shirt
Unterhose
Schuhe
Hausschuh
Schnürsenkel
Schuh
Stiefel
Zubehör/Schmuck
Armband
Gürtel
Haarspange
Kette
Knopf
Portemonnaie
Regenschirm
Ring
Schleife
Sonnenbrille
Tasche
Taschentuch
Tuch

Körper

Allgemein
dick
liegen
nackt
Pipi machen
sitzen
stehen
Menschen
Arm
Auge
Bauch
Bein
Blut
Daumen

Finger
Fuß
Gesicht
Haar
Hals
Hand
Hintern
Knie
Lippe
Mund
Nabel
Nase
Ohr
Pimmel
Rücken
Schoß
Wange
Zahn
Zeh
Zunge
Tiere
Flügel
Kopf
Schnabel
Schnauze
Schwanz

krank

Bauchweh
Brille
erkältet
Halsschmerzen
husten
krank
Krankenhaus
Krankenwagen
Pflaster
piksen
Spritze
spucken
Tablette
wehtun

Menschen

Allgemein
alt
arbeiten
Frau
Freund
Herr
ich
Junge
Mädchen
Mann
Mensch
Riese

Berufe
Arzt
Bäcker
Clown
Frisör
Kindergärtnerin
Lehrerin
Metzger
Zahnarzt
Familie
Baby
Bruder
Kind
Mama
Mutter
Oma
Onkel
Opa
Papa
Schwester
Tante
Vater
Zwillinge
Märchenfiguren
König
Prinzessin
Räuber
Riese
Zwerg

Musik/Geräusche/Laute

CD
Lärm
lauschen
leise
Musik
Pfeife
pfeifen
schreien
singen
still
tanzen
Trommel
Trompete
Turmuhr
Xylofon

Ort/Richtung

andersherum
auf
daneben
draußen
drinnen
hinter
hinunter
in

141

Mitte
neben
oben
Reihe
rückwärts
unter
vorn
weit
zwischen

Polizei/Feuer

brennen
Feuer
Feuerwehr
Gewehr
klauen
Polizeiauto
Räuber
schießen
Unfall

Sauberkeit

Aa machen
abwischen
drücken
duschen
Handtuch
Kamm
kämmen
Lätzchen
Nase putzen
pinkeln
Pipi machen
putzen
schmutzig
Seife
stinken
Töpfchen
trocken
waschen
Waschlappen
Windel
Zahnbürste
Zahnpasta

Saubermachen

(siehe auch: Haus)
abwaschen
Besen
fegen
nass
Papierkorb
sauber
sauber machen
Schwamm

Staub saugen
Tuch
Waschmaschine
Wasser
wegwerfen

Schule/Kindergarten

(siehe auch: Basteln, Spielen)
Bild
Blatt (Papier)
Buch
Buchstabe
Computer
Geschichte
Kindergarten
Klasse
Kreide
Kreis
kritzeln
Lehrerin
lesen
malen
Malkasten
Malstift
Pinsel
schreiben
Schule
Spitze
Stift
vorlesen
zeichnen
Zeichnung

Sonne, Mond und Sterne

dunkel
gute Nacht
Mond
Nacht
schlafen
Stern

Spielen

(siehe auch: Ferien, Schule)
Allgemein
aufräumen
Ball spielen
bauen
fangen
Fußballspiel
Handstand
Karussell
Kasperletheater

klapp
klettern
Kreis
kuckuck
machen
pusten
Quatsch
ringen
schlagen
Schwimmbad
schwimmen
Spaß
Spiel
spielen
suchen
Tor
Turm
Unordnung
verkleiden
verstecken
wegnehmen
Spielplatz
Klettergerüst
Rutsche
Sandkasten
Schaukel
Spielplatz
Wippe
Spielzeug
Ball
Bär
Bauklotz
Burg
Dreirad
Fußball
Gummiband
Korb
Kran
Kuscheltier
Luftballon
Murmel
Pistole
Puppe
Puppenhaus
Puppenwagen
Puzzle
Roller
Sachen
Schachtel
Schaufel
Schlitten
Seil
Spielzeug
Stock

Straße/Transport/ Verkehr

Allgemein
aufpassen
Bürgersteig
gefährlich
Lenkrad
Müllabfuhr
Parkhaus
Schienen
Stein
steuern
Straße
tanken
überqueren
Unfall
Verkehr
Vorsicht
wegfahren
Fahrzeuge/Verkehrs- mittel
Flugzeug
Lastwagen
Straßenbahn
Zug
Wagen
Buggy
Kinderwagen
Wohnwagen
Baufahrzeug
Kipplader

Tiere

Allgemein
bellen
Feder
fressen
füttern
Häufchen
Hund
Napf
pinkeln
quaken
Raupe
Schildkröte
Schnecke
Schwan
Spinne
Tier
Zirkus
Zoo
Auf dem Bauernhof
Ente
Hahn
Huhn
Hund
Kuh
Lamm

Pferd
Schaf
Ziege
Im Haus
Hund
Kaninchen
Kätzchen
Katze
Maus
Meerschweinchen
Schildkröte
Im Wald
Eichhörnchen
Eule
Hirsch
Igel
Wolf
Im Wasser
Fisch
Frosch
In der Luft
Biene
Fliege
Schmetterling
Vogel
Wespe
Körperteile
Flügel
Fuß
Schwanz
Zoo
Affe
Elefant
Giraffe
Krokodil
Löwe
Papagei
Pfau
Pinguin
Schlange

Trinken

(siehe auch: Essen)
Allgemein
austrinken
Durst
leer
Schluck
schlucken
Strohhalm
Teekanne
trinken
Getränke
Apfelsaft
Cola
Kaffee
Limonade
Milch
Tee

Trinkgefäße
Becher
Glas
Tasse

Verreisen

(siehe auch: Ferien)
auf Wiedersehen
Besuch
Brief
Dampfer
Handy
Karte
Rucksack
wegfahren
winken
Wohnwagen

Wald

(siehe auch: Jahreszeiten, Tiere)
Allgemein
Baum
Blatt
Pilz
Wald
Zweig

Wetter

(siehe auch: Jahreszeiten)
dunkel
Himmel
Pfütze
Regen
Regenschirm
regnen
Schnee
Schneeball
Schneemann
schneien
Sonne
wehen
Wind
Wolke

Nachwort

Das allererste Wörterbuch eines jeden Kindes ist ein ganz und gar »mentales« Wörterbuch. Nichts ist schwieriger, als ein solches Wörterbuch genau zu beschreiben. Es fällt bei jedem Kind anders aus, weil es aus den Brocken besteht, die das Kind aus den Reden herauslöst, von denen es umgeben ist.

Wenn das Kind zweiteilige Äußerungen wie »da Wauwau« oder »mehr Pudding« oder »das haben« beherrscht, dann tritt es in die Phase des Spracherwerbs ein, die Grammatik und Wortschatz voneinander trennt. Nunmehr (wir sind am Ende des zweiten Lebensjahres) beginnt mit den ersten grammatischen Fügungen die sogenannte »Wortschatzexplosion«. Besonders der Nennwortschatz des Kindes wächst unglaublich rasch. Das erste Fragealter (so sagte man früher) beißt sich fest an den Standardnamen all dessen, was die prominente Umgebung des Kindes ausmacht. Das Kind begreift, dass es für alles, worauf es die geteilte Aufmerksamkeit lenken kann, einen Namen gibt. Und solche Namen lernt es täglich gleich reihenweise: *Tisch, Baum, Hund, Stuhl, Tür, Fenster, Stift, Buch, Stein* usw. Oft genügt eine einzige Begegnung mit Wort und Sache, um den Standardnamen zu etablieren.

Zugleich mit dem Wort entsteht auch der Satz, die Mehrwortäußerung. Das Nennen allein ist keine Kommunikation, es ist nur ein *Teil* der Kommunikation. Grammatik und Wörterbuch sind zwar jetzt separate Aspekte des Sprechens, aber sie entstehen und entwickeln sich zusammen.

Und jetzt schlägt die Stunde dieses ersten Wörterbuches. Wenn nämlich Nennen und Beschreiben und Bewerten aus der Kommunikation als Teilhandlungen heraustreten, dann erst kann das Kind beginnen, ein differenziertes und geordnetes »inneres Lexikon« aufzubauen. Und dabei helfen Begegnungen mit Wörtern, die über den praktischen Alltagsgebrauch hinausgehen und Szenen, Bilder und prägnante Verwendungen mit ihnen verbinden. Dabei geht es gar nicht so sehr um die Anzahl der Nenn- und Prädikatswörter. Die wächst, wenn das Kind in einer sprachlich anregenden Umgebung aufwächst, von ganz alleine. Die Spracherwerbsforschung spricht von mehreren »Wellen« der Wortschatzentwicklung. Zuerst sind es die Nennwörter (Substantive), deren Zahl rasch anwächst, dann folgen Verben und Adjektive und schließlich wächst die Klasse der grammatischen Funktionswörter.

Viel wichtiger als die Anzahl der Wörter ist, dass Themen, Situationen und Satzkonstruktionen von den Stichwörtern des Wörterbuches repräsentiert und zusammengehalten werden. Wichtig sind auch die vielen »Modellwörter« des Wörterbuches. Schon sehr früh fangen Kinder nämlich an, nach vertrauten Modellen neue Bezeichnungen zu bilden. Wenn sie »Taschentuch« nicht kennen, bilden sie »Naseputzer«. Nach diesem Modell sind viele Bezeichnungen gebildet (»Schraubenzieher«, »Staubsauger« usw.). Früh produktiv ist die Wortzusammensetzung, für die das Wörterbuch viele Beispiele gibt (»Apfelbaum«, »Ferienhaus«, »Hausschuh« usw.), früh produktiv sind aber auch die Verbindungen aus Partikeln wie »an«, »ab«, »auf«, »aus« und Verben: »anmalen«, »abmalen«, »aufmalen«, »ausmalen«, für die das Wörterbuch viele Einstiege vermittelt. Kinder, die mit solchen Mustern für die Wortbildung gut vertraut sind, lernen es rasch, ihre Wortschatzlücken durch (manchmal originelle) Eigenbildungen aufzufüllen.

Die Szenen und Gedichte dieses Wörterbuches tragen vor allem dazu bei, die Verwendungsweisen der erworbenen Wörter zu erweitern und zu differenzieren. Sie organisieren und stützen den Wortschatz. Sie setzen die Wörter in prägnante und einprägsame Beziehung zu Themen, Situationen und anderen Wörtern. Sie wecken und fördern dabei auch ein spielerisches Verhältnis zum einzelnen Wort und helfen bei der Herausbildung des Sprachbewusstseins, das ein Motor für die kognitive Entwicklung des Kindes ist.

Besonders wichtig ist in diesem Zusammenhang alles, was die Aufmerksamkeit des Kindes von den »Sachen« weg und auf die Wörter selbst hinlenkt. Gemeinsame und geteilte sprachliche Bedeutungen, wie sie ein jedes Wörterbuch verzeichnet, gibt es nur auf der Grundlage von geteilter Aufmerksamkeit für Dinge, Personen, Handlungen und Ereignisse. Um zu der gesprochenen Sprache auch die Schrift erwerben zu können, müssen Kinder lernen, ihre Aufmerksamkeit nicht mehr nur durch das Wort hindurch auf die gemeinten Sachzusammenhänge zu richten, sondern auf das Wort selbst. Wer schreiben lernen will, der muss zuerst lernen, das einzelne Wort zu betrachten und zu analysieren. Aus dem Medium und Instrument der geteilten, gemeinsamen Aufmerksamkeit muss ein Objekt für die Aufmerksamkeit des Schreib- und Leseanfängers werden. Auch dabei können die Bilder und Gedichte dieses »ersten Wörterbuches« eine bedeutende Anregung und Hilfe sein.

Über Anzahl und Auswahl der Einträge für ein solches Wörterbuch kann man trefflich streiten. Bis heute wissen wir über Aufbau und Organisationen des inneren Lexikons im Spracherwerb sehr wenig. »Vernetzt« werden die Wörter im Kopf aber auf jeden Fall in (mindestens) drei Dimensionen, die alle in diesem »ersten Wörterbuch« berücksichtigt sind:
– nach Themen- und Handlungsfeldern, in denen sie häufig vorkommen;
– nach Wortfamilien – das sind Gruppen von Wörtern mit dem gleichen Stamm (»laden«, »Ladung«, »aufladen«, »beladen«);
– nach typischen und häufigen Verbindungen mit anderen Wörtern (»Kollokationen«).

Gerhard Augst, der den aktiven Sprechwortschatz von 10 Kindern kurz vor der Einschulung empirisch erhoben und beschrieben hat (*Kinderwort*, Frankfurt/M. 1984), verweist darauf, dass Grundwortschätze für Schul- und Vorschulkinder in ihrer Auswahl immer ein Element von Willkür, Wertung und Gruppenspezifik enthalten. Woran soll man sich orientieren? Den »durchschnittlichen« Sprecher gibt es nicht. Und ein Rechtschreibwortschatz muss nach ganz anderen Kriterien zusammengestellt werden als ein Unterrichtswortschatz für die Themen der Grundschule. Der einzige Ausweg aus diesem Dilemma besteht in einer möglichst vielseitigen und ausbaufähigen Liste, die den Appetit auf Wörter anregt.

Prof. Dr. Clemens Knobloch
Universität Siegen